오십, 내 안의
데미안을 만나다

오십, 내 안의 데미안을 만나다

불안한데 아무것도 하지 못하는 중년을 위한 실천 노하우

초 판 1쇄 2024년 12월 16일

지은이 김성희
펴낸이 류종렬

펴낸곳 미다스북스
본부장 임종익
편집장 이다경, 김가영
디자인 임인영, 윤가희
책임진행 김은진, 이예나, 김요섭, 안채원, 장민주

등록 2001년 3월 21일 제2001-000040호
주소 서울시 마포구 양화로 133 서교타워 711호
전화 02) 322-7802~3
팩스 02) 6007-1845
블로그 http://blog.naver.com/midasbooks
전자주소 midasbooks@hanmail.net
페이스북 https://www.facebook.com/midasbooks425
인스타그램 https://www.instagram.com/midasbooks

ISBN 979-11-6910-967-3 03190

값 19,500원

미다스북스는 다음세대에게 필요한 지혜와 교양을 생각합니다.

오십, 내 안의
데미안을 만나다

김성희 지음

《 프롤로그 》

 늦은 퇴근 후, 욕실 거울 앞에 선 중년 여자. 콧방울에서 시작된 팔자 주름은 짙은 경계를 그리며 입 언저리까지 내려와 있다. 이마 선을 따라 촘촘하고 가지런히도 올라온 흰머리는 이제 뽑아서 어찌해 볼 정도를 지났다. 누군가가 그랬다. 늙음은 서서히 오지 않고 벼락같이 밀어닥친다고. 서늘하게…. 하루의 무게를 고스란히 견뎌 낸 그날 밤, 거울 속 낡고 늘어진 민낯의 나를 보게 되었다. '이게 나인가?'. 내가 나를 보는 것이 낯설었다.

 하기야 엄마는 내 나이쯤 첫 손녀를 봤었다. 벌써 그런 나이가 되었다. 나도.
 정년을 이제 십여 년 앞두고 있다. 보통의 삶이 그렇듯 청춘의 대부분을 일에 매달렸다. 짜 놓은 공식처럼 결혼하고, 두 아이를 낳고, 남들처럼 아파트 평수를 넓히는 데 행복해했다. 이 나이쯤 되면 으레 갖추고 사는 것들을 갖추고, 남편도 아이들도 자상하고 건강하니 이만하면 잘 살았다 싶기도 한데.

그런데, 나는 왜 이럴까? 무언지 모르게 헛헛하고 불안했다. 보이지 않는 그 실체가 가슴 속 깊은 곳에서부터 시커멓게 차올랐다. 내가 왜 이러는지 나도 알 수 없는 나날이 이어졌다.

어느 겨울, 퇴근 버스를 기다리다 무심결에 틀어 본 영상 하나. 급변하는 세계 속에서 소외되어 가는 인간의 운명을 다룬 이야기였다. 나에게 미래란, '살다 보면 언젠가는 맞이하게 될 세계' 정도의 막연함 외에 그 어떤 정서적 압력으로 다가온 적 없던 단어였다. 가까운 미래에 관한 이야기는 충격적이었다. 무방비 상태인 내가 맞부딪힐 공포에 서늘하면서도 한편으론 설레기도 했다. 희뿌연 연기가 걷히고 저편에 존재하던 미래가 내 눈앞에 드러난 순간이었다.

곧 다가올 세상이라며 보여 주는 영상은 마치 미래의 언어를 끌어다 쓰는 것처럼 생소했다. IT는 내 일상과 멀었고, 문서 작업이 컴퓨터 사용의 대부분이었던 내가 알 수 있는 건, 그 말들을 내가 전혀 알아듣지 못하고 있다는 사실뿐이었다.

나의 인지 능력이 평균 이상은 된다고 믿고 살았는데 보기 좋게 그 믿음이 깨지는 순간이었다. 내용을 알지 못하니 그 쉬운 '좋아요'도 누를 수 없었다. 아래 달린 댓글을 하나둘 읽어 가며 그들만의 세상이 있음을 알게 되었다.

'나는 지금 세상의 어디쯤 사는 것일까?' 살아온 날보다 더 큰 인생이 밀어닥치고 있는 듯했다. 내가 무엇을 알고 모르는지조차 가늠할 수 없었다. 끝도 없고 답도 없는 혼자만의 독백이 가슴 속에서 회오리치고 있었다. 이대로 10년 후 직장을 그만두고, 아이들은 독립하면 그때부터 '나는 누구인가?' 하는 생각이 들었다. 더는 직장인으로, 엄마로서도 큰 역할이 필요 없을 그때부터 내 정체성에 대한 사회적 질문에 맞닥뜨릴 것이다. 그때 나는 나를 무엇이라 설명할 수 있을까? 그저 매일 아침 '오늘, 뭐 하지?'라는 고민에서 하루를 시작하는 존재?

덜컹거리는 버스 안에서 나는 점점 더 불안해지기 시작했다. 생각해 본 적 없던 미래. 생각할 필요도 없던 미래. 그 미래가 나를 어지럽게 했다.

알아보자! 지금부터라도. 현재에 충실한 게 지금의 나를 위한 것이라면, 미래를 위한 무언가도 단단하게 준비되어 있어야 한다. 버스 안에서 나는 마치 홀린 사람처럼 이 말을 되뇌고 있었다.

세상이 어떻게 변한다는 건지 내 눈으로 확인하자. 알아야 불안의 근원을 이해할 수 있을 것이고, 불안에서 벗어나야 실체를 판단할 수 있는 시각도 생길 테니까. 설렘과 두려움, 이 두 가지 감정은 이때부터 나를 흥분시키고 가라앉혀 가며 마흔 후반 진정한 인생 공부의 여정으로 이끌었다.

2022년, 미래를 향해 첫발을 내디뎠다. 우선 스스로 자신을 계발하고자 하는 사람들의 무리를 찾아 합류했다. 온라인으로 전국에서 모여든 낯선 이들과 함께 새벽 기상부터 시작했다. 공부하려면 무엇보다 시간 확보가 중요했고, 나에게 주어진 시간은 새벽밖에 없었다. 온라인의 자기 계발 세계는 놀라웠다. 내 나이 또래 여성들이 나와 같은 이유로 몰려들었다. 그것은 흐름이고 대세였다. 길어진 노년, 불안한 미래에 대한 대책을 각자 스스로 준비하기 위한 몸부림이었다.

연초라 그런지 모인 사람의 숫자로도 그 열기는 더해 갔다. 새벽 공부가 일상이 됐고, 사무실과 집이 전부였던 인생의 공간이 전국으로, 온라인으로 확대되었다. 모인 사람들 모두 각자 저마다의 삶을 충실히 살아 내고 있었고, 별반 다르지 않은 고민을 하고 있었다. 새벽마다 화면으로 만나는 우리지만 그저 간절한 눈빛만으로도 자연스레 동지애를 느끼며, 점점 더 깊이 배움의 세계로 빠져들었다. 절박한 중년들의 자기 계발이라는.

갑작스러운 일상의 변화로 탈도 많았다. 의욕이 앞선 나머지 체력을 뛰어넘는 열정에 몸이 상하기도 했고, 밤낮으로 노트북 앞에만 앉아 있으니 가족들이 의도치 않게 소외되기도 했다. 난생처음 나를 위해 산다는 이 감각과 에너지가 나를 황홀하게 했다. 시행착오를 거치며 나와 우리 가족 모두의 삶을 조화롭게 조정해 가며 배우고 깨닫는 과정이었다.

퇴근길 버스에서 미래를 만난 그날 이후, 내 삶은 급변했다. 세상 변두리 어디쯤 서 있던 나를, 사람들이 감각하고 변화하는 세계의 한가운데로 데려와 부딪치고 깨치게 했다. 모든 것이 낯설고 신기하고 두려웠지만, 하나씩 알아 가는 기쁨과 설렘으로 가득한 날들이었다. 이런 나의 변화된 삶을 기록하기 시작했다. 몇 해가 지난 후, 미래라는 단어 앞에 설레고 두려웠던 내가 어떤 사람이 되어 있을지 궁금했다.

직장인이자 엄마이자 아내인 나와 그리고 지금 이 책을 손에 쥔 여러분에게는 아직 내 이름으로 살아가야 할, 길고 긴 인생이 있다. 평생을 틀에 맞춰 살아왔다면 중년 이후의 삶은 별다른 공식도, 제재도 없다. 마음만 먹으면 그저 내가 생각하고 계획한 대로 살아갈 수 있는 시간이다. 진짜 내가 인생의 주인이 되는 시기다. 그래서 낯설고 두렵지만 설레는 이유기도 하다. 마흔의 어딘가를 살아가다 하루아침에 벼락같이 떨어진 낯선 불안의 경험도 이와 비슷한 것이라 생각한다.

여기 불안 속으로 걸어가는 나의 여정이 있다. 안개를 걷어내고 미래의 문을 여는 내가 있다. 그리고 내 곁에는 여러분, 우리가 함께 걷고 있다.

1부

불안의 시작

낯선 용어의 공습

[부족함을 인정하는 용기가 나를 성장시키는 첫걸음입니다.]

몇 년 전 TV에서 연예인들이 '팔로우'라는 단어를 쓰기 시작했다. 누가 나를 팔로우했는데, 어느 날 보니 언팔(언팔로우, unfollow의 줄임말)을 했고, 지금 팔로워 수가 몇만이다. 뭐 이런 얘기를 하는데, 도대체 무슨 말인지 알아들을 수가 없었다. 내가 아는 팔로우(follow)는 누군가를 뒤따른다는 뜻이니, 그럼 팔로워(follower)는 뒤따르는 사람, 즉 추종자 뭐 이런 뜻인가 속으로 짐작했다. 그러다 또 유명 유튜버가 나와서는 이런 얘기를 했다. "이 영상이 마음에 드셨다면, '좋아요'와 '구독'을 눌러 주세요!"이건 또 무슨 말이지? 어디서 '좋아요'를 누르는지 그리고 구독은 어떻게 하라는 건지 알 수가 없었다.

사실 '구독'이란 말 자체가 이해되지 않았다고 해야 더 맞겠다. 내가 아는 구독은 신문이나 잡지를 구독하는 게 다인데, 영상을 구독한다니! 우유가 배달되듯 매일 내 이메일로 영상을 보내 준다는 건가? 궁금했지만 주위에 묻지 않았다. 왜냐하면 당시 나는 이런 새로운 것들에 대해 부정적인 편견을 갖고 있었다. SNS는 남에게 자기를 드러내고 싶어 안달난 사람이나 하는 것이고, 유튜브는 자극적인 영상으로 사람들의 시간이나 축내는 한심한 창작물이라 여겼다. 그래서 머지않아 사람들은 이 한심한 것들에 염증을 느껴 다시 아날로그 세계로 돌아올 것이라 믿고 있었으니까. 아니, 그렇게 되기를 바랐다.

사실 나는 예전부터 새로운 기술이나 기계가 세상에 나와도 전혀 궁금해하지 않은 사람이었다. 되려 지금 것도 괜찮은데 굳이 저런 기능까지 넣어서 금액만 올리는 상술에 놀아나지 않는 내가 나름 뿌듯하기까지 했다. 스마트폰의 새로운 버전이 나올 때마다 매장에 줄을 길게 늘어서서 사려는 사람들이 도통 이해되지 않았고, 핸드폰 기종을 바꿀 때면 오히려 이전 버전의 싼 핸드폰을 헐값에 사서 기분이 좋았다. 어차피 전화와 카톡, 간단한 검색만 하면 되었기에 나에게 새로운 기능은 필요도 없었고 알고 싶지도 않았다.

그러다 언젠가부터 핸드폰으로 결재나 인증을 해야 하는 일이 많아졌다. 회사 업무상 가입한 수많은 사이트에 이미 내 아이디와 비번들이 수첩 속에 빼곡한데, 무얼 자꾸 가입하라고 하는지, 이 인증은 도대체 무얼 위한 것인지 도통 알 수가 없었다. 그 당시 또 하나 나를 혼란스럽게 했던 것이 'APP(앱)'이었다. 무조건 이 앱을 깔아야 뭔가를 시작할 수 있는 시스템들이 많아졌다. 앱이란 용어 자체도 생소한데 이런 작은 미니사이트 같은 것들이 깨끗했던 내 핸드폰의 바탕화면을 하나둘씩 채우기 시작했다. 더는 쓰지 않는 앱들을 지우거나, 깨끗하게 한데 모아 정리하고 싶었지만, 그런 방법을 모르니 필요한 앱을 찾을 때마다 애를 먹었다. 그럴 때마다 왜 군이 이런 걸 만들어서 사람을 귀찮게 하는지 그 누군가에게 화가 났다.

그렇게 코로나가 한창이던 어느 겨울날, 외근을 나가 점심을 먹으러 근처 프랜차이즈 커피숍에 들어갔다. 내가 좋아하는 커피와 빵을 하나 시켜서 먹고 갈 참이었다. 다행히 빈 테이블이 하나 남아 있길래 얼른 주문해야지 하고 계산대로 가니, 직원이 주문은 키오스크(kiosk, 무인 정보단말기)로 하라며 손짓으로 가게 입구 쪽을 가리켰다. 거기에는 나보다 키가 큰 기계가 덩그러니 서 있었고 나는 키오스큰지 스핑크슨지 이름도 헷갈리는 기계와 마주했다. 도대체 말도 안 통하는 이 녀석과 어쩌라고! 그 어떤 안내도 없는 이 기계 덩이가 '어디 해 볼 테면 해 봐.'라며 당당하게 나를 노려보고 있었다. 순간 당황했지만 거의 만석인 카페 손님들이 왠지 나만 보고 있는 듯한 착각에 더 주눅이 들었다.

'저 아줌마 처음인 것 같은데, 어디 주문 하나 못 하나 두고 보자.'

뭐, 이런 혼자만의 상상이 더해지자 얼굴까지 달아올랐다.

'아니야, 그래도 한글로 되어 있으니 시키는 대로 하면 되겠지!'

속으로 '침착해'를 외치며 버튼을 하나씩 눌렀다. 내가 좋아하는 커피를 누르고 추가까지는 했는데 도통 빵이 어디 있는지 보이지 않았다. 이것저것 누르다 다시 돌아오고, 점점 시간이 길어지자 저쪽 계산대 직원들은 주문서가 들어오지 않는 것이 이상한지 계속 나를 쳐다보았다.

'아, 어쩌지? 그냥 커피만 마실까? 아니면 가서 직원한테 사용법을 물어볼까? 아냐, 물어보기에는 시간이 너무 지났어! 에라, 모르겠다. 출입문도 옆에 있겠다, 그냥 메뉴가 마음에 들지 않는 듯한 표정을 지으며 자연스럽게 나가자!'

그렇게 도망치듯 커피숍을 빠져나오는데 등 뒤로 사람들이 보낸 시선의 화살이 수십 개는 꽂힌 기분이었다. 내 등이 너무 부끄러워 견딜 수가 없었다. 아무도 신경 쓰지 않았지만, 키오스크를 사용할 줄 모른다는 무지함에 나 혼자 주눅이 들어 그 마음이 돌아오는 내내 쉽게 사라지지 않았다. 머리라도 희끗희끗한 노인이었다면 백번 이해하겠지만 그것도 아니고 나름 사회생활 20년 차가 넘는 직장인인데, 이건 아니다 싶었다.

그날의 키오스크 사건은 나에게 큰 충격을 가져다주었고, 내가 아무리 부정하고 외면해도 세상은 변하고 있다는 걸 말해 주었다.

'아, 다시는 예전으로 돌아가지 않겠구나! 지금 여기서 더 뒤처지면 나는 정말 식당에서 주문도 못 하는 사회 부적응자가 될 수도 있겠다!'

거기까지 생각이 들자, 그동안 느껴 보지 못한 낯선 종류의

소름과 불안이 나를 감쌌다. 그렇게 처음으로 신문물을 받아
들이고 배워야겠다는 위기감을 느꼈다.

대놓고
자랑할 수 있는 마음

> 새로운 도전은 가면을 벗고
> 나의 편견을 없애는 노력부터 시작입니다.

2021년 초겨울, 오랜만에 오래전부터 알고 지내던 동생들을 만났다. 나와는 서너 살 차이가 나는 직장 동료들로 우리는 20대부터 함께 알고 지냈다. 같이 저녁을 먹고 간단하게 맥주를 한잔하러 근처 수제 맥줏집으로 향했다. 주택을 개조한 인테리어에 고풍스러운 물건들이 그곳 분위기와 잘 어울렸다. 얼마 뒤, 우리가 주문한 맥주에 여러 종류의 치즈와 크래커, 과일이 너무도 근사하게 차려져 접시에 담겨 나왔다.

우리는 동시에 '와' 하고 작은 탄성을 질렀고, 내가 얼른 포크를 들고 어떤 걸 먼저 맛볼지 기대하며 하나를 집어 들려는 찰나에 갑자기 동생 한 명이 말했다.

"언니, 잠깐만! 사진 좀 먼저 찍을게요."

그러더니 둘 다 연신 셔터를 눌러 댔다. 마치 멋진 풍경을 보면 사진을 찍는 것처럼 안주 세팅이 그림 같아서 그러나 보다 했는데, 바로 인스타 스토리에 올려야겠다고 말했다.

난 순간 '인스타는 들어 봐서 알겠는데, 스토리는 또 뭐지?' 하며 혼자 멀뚱히 그들을 지켜보았다. 일이 분 뒤 동생 한 명이 다 올렸다며 내게 핸드폰을 보여 주었다. 그럴싸하게 나온 안주 사진에 오늘의 모임을 알려 주며 화려하게 반짝이는 글자들, 내가 봐도 멋있었다.

"언니는 인스타 안 해요?"
"어… 나? 응, 안 해. 난 그런 거 막 올리고 내 사생활이 공개되는 게 싫거든."
"언니 얼굴은 굳이 공개 안 해도 돼요. 그냥 이런저런 일상 올리면 재미도 있고 인친도 생기고요, 그리고 무엇보다 소식이 끊어졌던 친구들을 만날 수 있어서 좋은 것 같아요."

 듣자 하니 예전에 유행했던 '아이러브스쿨'과 비슷한 듯했다. 하기야 난 그때도 아예 관심이 없었으니까. 잠시 둘은 서로 여행 갔던 사진이며 맛집을 공유하더니, 나더러 얼른 인스타 시작해서 인친을 맺자 했다.

 남들이 유행처럼 다 하는 걸 혼자 안 하는 내가 가끔 멋있다고 생각했었다. 아이러브스쿨부터 인스타까지, 난 그 어느 하나 마음이 가지 않았다. 하지만 차츰 사람들과의 대화에서 내가 알아듣지 못하는 상황이 잦아질 것 같은 불길한 예감이 들었다. 그러고 보니 얼마 전 어떤 전시회에서도 자기 회사 제품을 써 보고 감상평을 SNS에 올리면 상품을 준다고 했었다. 남들은 금방 척하니 올려 상품을 받아 가는데, 나만 덩그러니 바라보다 자리를 뜬 기억이 났다.

 그러다 문득 이런 생각이 들었다. 내가 관심이 없어서 안 하는 건 자유지만 그렇다고 못 하는 것까지 당연시되고 이해받는 건 아니라고. 알면서 안 하는 것과 아예 몰라서 못 하는 것과는 전혀 다른 문제다. 전자는 선택의 문제지만 후자는 그냥 흐름을 따라가지 못하는 사람, 그 이상도 그 이하도 아닌, 그냥 뒤처진 사람이었다.

 그렇게 내 속마음을 한번 들여다보았다. 남들이 열광하고 좋아하는 디지털 기술을 왜 나는 유독 싫어하고 멀리할까? 물론 남 앞에 나서는 것도 내가 관심받는 것도 불편하게 여기는 나로서는 다수의 사람이 보는 그런 플랫폼에 내 이야기를 하고, 나를 드러낸다는 것이 쉽게 이해되지 않았다. 평소 남의 시선을 많이 신경 쓰는 나로서는 여간 피곤한 일이 아니니까. 그럼 단지 이런 불편함이 이유의 전부일까? 그렇게 계속 나의 문제를 파고드니 근본적인 답이 보이는 듯했다. 유독 내가 그런 것들에 무관심하고 멀리하려는 경향도 있지만, 실은 잘 사용하지 못할까 봐 하는 두려움에서 시작된다는 것을 알게 되었다. 배워도 내가 잘 이해하지 못할 거라고, 잘 다루지 못할 거라는 편견이 이를 가로막아 시도조차 두렵게 만들었다.

예전부터 새로 산 기기의 사용 설명서를 읽는 것조차 겁이 났던 것과 비슷한 마음이었다. 뭔가를 새로 배운다는 것이 두렵고 성가신 데다 잘 이해할 수 없을 거라는 걱정까지 더해져, 그냥 나는 새로운 것보다 옛것을 고수하는, 나름 자기 고집이 있는 사람처럼 보이고 싶었다. 두려움을 뒤로하고, 나는 그렇게 수십 년을 가면을 쓴 채 살아오고 있었다.

하지만 그 두려움 뒤에는 사실 부러움이 있다는 사실도 알게 되었다. 이제야 내가 숨기고 싶었던 감정이 드러난 것이다. 그들이 부러운데 나는 잘하지 못할 것 같으니, 안 그런 척 관심 없는 척 가면을 쓰고 지냈다는 생각이 들었다. 이제는 가면 뒤에 숨어 살기에는 세상이 너무 빨리 변하고 있었다. 우물쭈물하며 용기 내어 가면을 벗어도, 몰라보게 변해 버린 세상에 놀라 다시 써 버릴지도 모른다는 생각이 들었다. 그땐 정말 다시는 벗을 수 있는 용기조차 내지 못할 거란 걱정에 나는 조금씩 용기를 내기로 했다. 아니, 지금이 아니면 안 된다고 생각했다.

직장생활의 유통기한

[지금 여러분 일상의 유통기한은 얼마나 남아 있나요?   ]

나는 서른 살, 다소 늦은 나이에 공직 생활을 시작했다. 지금 생각하면 어리기만 한 나이지만 당시에는 입사 동기들 대부분이 20대 중반이라 나는 어딜 가나 언니 대접을 받았다. 그 전까진 공무원이 되고 싶었던 적도, 꿈꿔 본 적도 없었지만, 어느덧 어쩌다 공무원이 된 지 20년 차다. 막 입사했을 때, 사무실 선배 한 분이 농담 삼아 내게 이런 조언을 했다.

"딱 6개월만 다녀 보다가 아니다 싶으면 빨리 그만둬라. 어영부영하다 못 그만둔다."

그때는 그게 무슨 말인 줄 몰랐다.

이 직장의 성격상 우리가 관습에 젖기까지 약 6개월이 걸리는 것 같다. 이 시간을 넘기면 익숙함에서 벗어나기가 두려워지기 시작하다 1년이면 차츰 적응된다. 그렇게 몇 해를 반복하다 보면 완전히 발이 묶여, 떠나려 해도 주저하게 되고 결국엔 머무르게 된다. 나도 그렇게 거짓말처럼 어느덧 20년 차 직장인이 되어 있었다.

'이 직장에서 내 유통기한은 얼마나 될까?'

가끔 내게 묻곤 한다. 30년 이상 근무한 선배들은 6개월 단위로 정년의 문턱 뒤로 차례차례 밀려 나간다. 그래도 정년을 채웠다면 다행이다. 뜻하지 않은 사건 사고에 휘말려 도중에 직장생활을 마감하는 예도 부지기수니까. 그 긴 세월 동안 부당한 것들과의 갈등, 좌절은 또 얼마나 많았을까? 떠나는 선배들의 마지막 모습을 보면서, 내가 바라는 직장생활의 끝은 과연 어떤 모습일지 늘 의문이었다.

"정년 보장되는데 뭐가 걱정이세요? 월급 꼬박꼬박 나오겠다, 공휴일도 칼같이 쉬는데, 그만한 직장이 또 어디 있어요?"

외부에서 공무원 조직을 바라보는, 마치 공식과도 같은 공통된 시선이다. 생각해 보면 '안정적, 꼬박꼬박, 공휴일' 이런 단어들이 나를 지켜 주기도 했지만, 다른 한편으로는 나의 꿈을 박제시키기도 했다. 외면하기 힘든 '편안한 삶의 시스템'에 갇힌 나는, 이 철옹성 같은 곳의 안정감을 차마 떨칠 수는 없었지만, 가끔 꽤 자주, 일탈하고 싶었다. 채찍을 맞을 때는 도망가고 싶다가 이내 당근을 주면 다시 제자리로 돌아오는 생활의 연속이었다.

하지만 주변 동료 중 이곳 생활의 만족도가 높은 사람들도 꽤 있다. 연차가 오래된 분일수록 이곳 생활이 주는 익숙함과 안정된 생활방식이 몇십 년간 몸에 배기도 했고, 인생을 지탱하게 해 준 근간이기에 그러했다. 아니 떠날 이유가 없었다. 반면 이제 막 사회생활을 시작한 MZ세대들은 생각이 다르다. 틀에 박힌 시스템에 자신을 구겨 넣어 맞춰야 하는 것도, 뭔가 부당한 것을 바꾸기 위해 시도한 도전조차 개인이 책임을 감당해야 한다는 것에 불합리함을 느낀다. 그래서 이들은 유통기한 내 빠른 결단으로 종종 우리를 놀라게 했다.

정년이 5년도 채 남지 않은 세대와 경력이 5년 이하인 사람들을 제외한, 어중간하고 적당한 나 같은 세대에게 '직장 내 만족도는 어떨까?' 생각해 본다. 이제 끝이 보여 희망이 있는 선배들과 이거 아니라도 나가 먹고살 만한 세상이라는 후배들 사이에서, 우리는 갈팡질팡 불안하다. 익숙한 것들과 헤어질 용기는 없고, 그렇다고 정글 같은 바깥세상에서 살아남을 자신도 없기에 오늘도 꾸역꾸역 출근한다.

이제 나는 정년을 10년 앞두고 있다. 이미 모든 것에 익숙해져 있고 운이 좋다면 정년까지도 잘 마무리할 수 있다. 하지만 그다음엔? 물론, 끝까지 경쟁하듯 승진하면 직급도 오르고 월급도 지금보다 넉넉해질 것이다. 직장 내에서 대우받으며 특별한 사람이 된 것처럼 우쭐해질 수도 있다.

'그렇게 되면 나는 지금보다 더 행복할까? 그 행복을 맛보자고 조금 갑갑해도 안정된 생활에 내 인생을 다 걸어도 되는 걸까? 정년 후의 삶은 어떻게 살아가게 될까?'

퇴직 후의 나는 더는 일찍 일어나 화장하고 옷에 신경을 쓰지 않아도 된다. 30년을 그렇게 살았지만 더는 그럴 필요가 없다. 어제까진 직장인이었지만 하루아침에 평범한 아줌마가 될 나를 생각하니 아찔했다. 무료한 일상에서 허우적대는 나를, 과연 나는 참아 낼 수 있을까?

1년이 열 번만 지나면 나도 종이 한 장, 퇴직자 명단에 이름이 오른다. 내가 벌써 퇴직이라고? 환갑? 할머니라고? 믿어지진 않지만 얼마 남지 않은 현실이다. 중력이 세월도 끌어당기는 것일까? 눈 뜨면 아침인데 한번 깜빡이고 나면 저녁이다. 입버릇처럼 그만두고 싶다고 외치지만 정작 나가야 할 때가 다가오니 불안이 현실로 다가왔다. 어떻게 하든 나중의 삶이 지금보다 행복했으면 좋겠다는 생각은 간절했으므로 나는 그 방법을 찾아야 했다. '퇴직 이후부터 나는 행복할 거야'가 아니라, 지금부터 조금씩 행복해져야 한다는 생각이 들었다.

'어떻게 해야 나는 행복해질까? 형편에 구애받지 않고 돈을 막 쓰고 다니면 만족할까? 어떤 마음이면 인생 후반을 후회 없이 보낼 수 있을까?'

정년까지 10년이 남았지만, 그때가 더 빨리 올지도 모른다는 생각에 나는 불안을 직감했다. 내가 잘하는 것이 무엇인지도 모르고 어쩌면 영영 찾을 수 없을지도 모른다는 생각에 마음은 더욱 조급해졌다. 공직 생활 첫 6개월의 유통기한은 잘 모르고 지나갔지만, 이제 내가 준비할 수 있는 유통기한만큼은 넘기고 싶지 않았다. 아니, 기한 내 끝내야 하는 숙제가 생겼다.

5년 갱신?
수시 갱신!

[변화의 순간이 느껴질 때, 그때가 내 삶을 갱신할 때입니다.]

    나는 내가 꽤 진득하고 참을성이 많은 사람인 줄 알았다. 하지만 지난 사회생활 패턴을 보면 평균 5년을 주기로 변화가 있었다. 그때마다 나만의 안식년 같은 시간을 가졌다. 22살 대학 4학년 때, 첫 사회생활을 시작했다. 얼마 안 되어 IMF가 터졌고 임금 체납과 격무에 시달리다 결국 직장생활 5년 만에 퇴사하고, 퇴직금으로 여행을 떠났다. 1년 만에 다시 돌아와 새로 얻은 직장에서, 지금까지 친하게 지내는 동생을 만났고, 우린 함께 일하고 공부하며 공무원 시험에 나란히 합격했다.

    그렇게 새로운 환경에서 일한 지 5년째 되던 해, 나는 첫째를 출산했다. 연년생으로 그 이듬해 둘째를 낳았고 그렇게 1년간의 육아휴직 기간을 가졌다. 하지만 직장을 떠나와 잠시라도 쉬고 싶었던 내 기대와는 달리, 연년생 둘을 키운다는 건 내 체력과 인내의 한계를 테스트하는 시간이었다. 차라리 다시 직장으로 돌아가고 싶을 정도로 상상했던 것보다 훨씬 감당하기 힘든 삶의 무게였다. 1년의 휴직이 끝나면서 나는 육아의 무게 위에 일까지 더하게 되었고 한동안 내가 없는 세월을 살아야 했다.

그렇게 만 5년이 지나자 몸에서 잠시 멈추라는 신호가 왔다. 다행히 첫째의 초등학교 입학을 계기로 또 한 번의 휴직을 하게 되었다. 지금 와서 돌이켜 보니 엄마로서 해야 할 역할을 제대로 그리고 재밌게 해 볼 수 있는 가장 소중한 시간이었다. 등교하는 아이의 뒷모습을 끝까지 배웅하고, 하교하는 아이의 손을 잡고 군것질도 하며 평소 하고 싶었던 엄마 놀이를 원 없이 해 보았다. 다른 주부들처럼 주민센터에서 운영하는 평생학습도 등록해 어르신들과 악기도 배우며 나름대로 여유 있고 보람된 시간을 보냈다.

연년생 둘째 녀석이 1학년 2학기를 시작할 때쯤, 다시 직장으로 복귀했고 그렇게 또 정신없는 세월이 흘러갔다. 남매는 어느새 중학생이 되었고, 나는 작년에 직장에서 장기 교육을 받게 되면서 다시 생의 전환기를 맞았다. 코로나가 종식되자 그동안 움츠려 있던 세상이 기지개를 켜며 대격변을 일으키고 있었다. 보이지 않았을 뿐, 세상은 지난 3년간 고요하고 빠르게 변하고 있었고 모두 경험하지 못한 낯선 세상에 적응하느라 긴장하고 분주했다. 그동안 운이 좋게 정기적으로 쉴 기회가 있었지만, 앞으로 그럴 기회는 없다. 게다가 예전의 내 사고방식과 삶의 패턴 등 모든 방면에 변화가 절실해 보였다. 그것도 5년 주기가 아닌 매년 혹은 수시로 변화가 요구되는 삶으로 말이다.

예전에는 5년 주기로 내 삶의 그림이 대강 그려졌다면 이제는 내년의 삶도 예측하기 힘들어졌다. 내 주위만 봐도 그렇다. 얼마 전까지 같이 근무하던 동료가 제2의 인생을 살아 보겠다며 창업을 목표로 일을 그만두었다. 또 어떤 지인은 자신이 좋아하는 일에 더 전념해 보고 싶다며 당당하게 사표를 던졌고, 6개월 남짓했던 직장생활이 나와는 맞지 않는다며 미련 없이 떠난 후배들도 있었다.

코로나 이후 세상이 돌아가는 규칙이 바뀐 느낌이었다. 사람들과의 소통부터가 완전히 달라졌다. 온라인 세상에서 기발

한 아이디어 하나로 대박을 터뜨려 평생 모을 자산을 한 방에 모은 사람이 있는가 하면, 작은 습관 하나, 취미 생활 하나가 그 사람의 인생을 바꿔 버리는 사례도 차고 넘쳤다.

　예전 같으면 오십이라는 나이는 변화하기보다 편안한 노후를 위해 조금씩 정리해 나가는 시기였으나 지금은 어림도 없는 소리다. 몸과 마음이 건강해야 하는 것은 기본이고, 앞으로 남은 50년을 어떻게 지낼 것인가에 대한 고민으로 전력 질주를 해야 한다. 그동안 접하지 못했던 신문물을 적극적으로 배우고 익혀 자연스럽게 사용할 줄 알아야 한다. 준비된 노후 자금 외에도 돈이 조금씩 지속해서 들어오는 재무구조도 마련해야 한다. 흔히들 말하는 파이프라인 말이다. 나이 들어 육체적으로 하는 노동은 한계가 있으니 전략적으로 흐름에 편승하여 내가 잠드는 동안에도 돈이 돈을 버는 시스템을 만들어 놓아야 한다.

　이제 자신의 삶을 갱신하지 않는 자는 '유죄'인 시대가 되었다. 귀찮고 어렵다고, 지금 당장 필요하지 않다고 미루다가는 어느새 이방인이 되어 있을지도 모를 일이다. 눈으로 보되 보이지 않고, 들어도 이해되지 않아 누구와도 소통이 어려운 투명 인간이 되기에 십상이다. 마음만 있다면 공부할 수 있는 공

간과 방법이 넘쳐 나기에 돈이 없어 못 배웠다는 핑계는 이제
더는 이유가 될 수도 없다.

나 역시 5년 갱신형 인간에서 매년, 또는 수시로 변화하는
인간으로 살아가야 함을 직감했다. 모른다고 귀찮다고 늘 멀
리했던 디지털 세계부터 알아야겠단 생각이 들었다. 내가 모
른다고 외계어가 아니라 나만 모르는 신조어를 익히고 알아야
사람들과 소통할 수 있는 시대가 왔음을 직감했다. 얼마 전까
지 선택적 문제라 여겼던 것이 이제는 필수 과목이 된 것이다.
아기가 본능적으로 말과 글을 익혀 점차 한 인간으로 사회에
적응해 나가는 것처럼, 아날로그 세대인 나는 디지털 세상을
걸음마부터 배워야 하는 시대가 되었다.

변화된 세상을 배워야 한다는 필요성까진 느꼈지만 어디서
무엇부터 해야 할지 막막하기만 했다. 관련 영상을 찾아보면
알고리즘이 물어다 주는 각종 정보에 현기증이 날 정도였고
더욱 혼란스럽기만 했다. 나만 모르게 세상은 바뀌어 있었고
조바심이 나기 시작했다. 평소에 관심도 없던 영상과 기사들
을 하나둘씩 읽어 보기 시작했다. 거기서부터 무언가 실마리
를 찾아 하나씩 해 봐야겠다고 생각했다.

다시, 설레고 싶다!

[나를 설레게 하는 일, 그것이 새로운 가능성을 열어 줍니다.]

사람들이 느끼는 여러 감정 중, 가장 기분 좋은 것 중 하나가 바로 '설렘'이 아닐까? 대학 새내기 시절 첫사랑이 그렇고 원하던 직장에서의 첫 출발이 그랬다. 설렘이라는 감정 속에는 기대와 희망이 함께 녹아 있는데, 맛으로 치자면 톡 쏘는 상큼한 맛이다. 그 속에는 두렵긴 해도 잘 해내고 싶은 욕심과 결국엔 내가 해낼 거라는 자신감도 함께 녹아 있었다.

몇 해 전, 그러니까 내가 자기 계발을 하기 전까지 나는 온통 두려움에 사로잡혀 있었다. 뭔지 몰라도 변하고 있는 세상에 대한 두려움과 불안을 철저한 '외면'으로 버텼다. 그리곤 내가 변하지 않아도 될 그럴싸한 핑계를 대느라 머릿속은 늘 복잡했다. 마음속 불안이 올라오면 내 안의 또 다른 내가 '쓸데없는 일 따위 벌이지 말라'며 내 안의 욕망을 짓눌렀다. 고백하건대 나는 꽉 막혀 있는 사람이었다. 세상이 바뀌어도 나는 대충 견딜 수 있을 것 같았다.

결혼 후 연이은 출산과 바쁜 업무로 나는 '설렘'을 잃었다. 한때는 설렜던 그 기억조차도 잊고 살았다. 산다는 게 내게는 그랬다. 눈 뜨면 회사 가고 다녀오면 지쳐 쓰러져 잠드는 세월의 연속이었다. 그러던 어느 날, 퇴근길에 본 영상 하나가 나를 혼란스럽게 만들었다. 2030년을 예측하여 쓴 미래 보고서를 소개하는 영상인데, 거기에 나오는 말들을 나는 제대로 알아들을 수가 없었다. 나름대로 사회생활도 꽤 오래 한 나인데, 어느 날 갑자기 왜 이렇게 낯선 환경이 되었을까? 들리는 용어는 죄다 낯설었고 이런 나를 누가 알아채기라도 할까 봐 부끄럽기까지 했다. 2030년이면 이제 몇 년 남지도 않았는데 세상이 이렇게 바뀐다고 하니 잠시 머리가 멍하니 멈춘 듯했다. 그러다가 나도 결국엔 이 세계에 발을 들여놓아야 한다는 의무감과 동시에 들여놓고 싶은 설렘도 가지게 되었다.

당시 나는 꽤 충격을 받았다. 코로나로 멈춘 세상이 주는 장점도 분명히 있었기에 거기에 취해 살고 있었다. 그런데 알고 보니 그 시절 세상은 물속의 우아한 백조처럼, 소리 없는 전쟁 중이었다. 내가 신념처럼 믿고 있던 세계관이 얼마나 시대에 뒤떨어져 있는지, 무엇보다 내가 모르고 있으면 그 영향이 고스란히 내 아이들에게 전가될 운명이었다. 지금 내가 변화하지 않으면 내 아이들까지도 뒤처질 수 있겠다는 생각에 정신이 번쩍 들었다. 더는 외면할 문제가 아니었다. 그냥 닥치는 대로 배우고 익혀 벌어진 격차를 줄여야겠다는 생각만 간절했다.

당장 영상에서 소개한 책을 주문해서 읽었다. 미래 사회에 변화될 사회 현상들을 직접 눈으로 읽어 보니 정말 그렇게 될 것만 같았다. 지금껏 살아왔던 것처럼 이제 더는 변화에 뒤처지고 싶지 않았다. 이미 몇 해 전부터 사람들은 스마트폰과 유튜브에서 넘쳐 나는 지식과 정보를 얻었지만, 이제는 그런 차원이 아니었다. 관심사가 비슷한 사람들끼리 커뮤니티를 만들어 활발하게 활동하고 그들만의 언어로 소통하고 있었다. SNS를 통한 서로의 시너지로 배움의 열기가 그 어느 때보다 뜨거운 시대라는 걸 알 수 있었다.

사고가 여기까지 이르자, 내가 무언가를 배우고 소통하기 위해서는 일단 SNS부터 시작해야겠다고 생각했다. 사실 그런 플랫폼에서는 매일 자기가 먹은 것, 여행 간 곳, 맛집 자랑만 하고 있는 줄 알았는데, 사람들은 자신을 세상에 드러내고 알리기 위해 안간힘을 쓰고 있었다. 본업을 접고 두 번째 인생 캐릭터로 사는 사람들이 이제는 낯설지도 않은 시대가 되어 있었다. 그래서 그것으로 새로운 꿈을 꾸거나 이룬 사람들도 쉽게 볼 수 있었다. 이젠 이런 온라인 세상에 접속하지 못하면 앞으로 새로운 누군가를 만나고 배우기도 힘들 것처럼 보였다. 온라인 세상은 그렇게 되기 위한 가능성의 기회와 기능이 끝을 알 수 없게 무궁무진해 보였다. 이렇게 깨닫게 되면서 이제 우주 속 점 하나를 찍은 기분이었다. 좌표를 찍었으니 내 위치를 알고 어느 방향으로 나아가야 할지 지표가 필요했다. 까마득한 세상이 두렵기는 해도 사방 어디로든 갈 수 있다는 무한한 가능성에 희망이 보였다. 나는 다시 설레기 시작했다.

2부

불안함이 만든 시너지

다시, 나를 발견하다

[
숨어 있는 기적의 시간을 찾으세요!

하루가 달라지고 인생이 바뀝니다.
]

　세상의 변화를 가장 쉽고 빨리 아는 방법은 바로 영상을 통한 검색이었다. 사실 난 유튜브가 연예인 관련 엔터테인먼트 위주의 플랫폼인 줄 알았다. 이렇게 내가 원하는 정보가 검색만 하면 알려 주는 무궁무진한 지식 창고임을 알지 못했다. 그제야 지하철이든 어디든 핸드폰만 들여다보는 사람들을 이해하게 되었고, 이제야 깨달은 내가 한심하게 느껴졌다. 관심을 보이는 분야들이 쌓이자, 알고리즘은 자연스럽게 나를 자기 계발 분야로 이끌었다. 실체가 없는 낯선 공간에서 이미 많은 사람이 새벽 기상을 통해 무언가에 도전하고 있었다.

'아, 일찍 일어나면 되는구나! 나 같은 직장인은 늘 시간이 없다는 말을 달고 살았는데, 내가 쓰지 않던, 숨어 있는 시간이 있었구나.'

그런 생각이 든 순간 진귀한 보물을 발견한 듯했다. 하루가 26시간쯤으로 살 수도 있겠다는 생각이 들자 두근대기 시작했다. 한때 새벽 6시 영어 방송도 꽤 오랜 시간 들었을 만큼 아침형 인간이었기에, 어쩌면 새벽 기상은 할 수 있겠다는 자신감이 생겼다.

그런데 새벽에 일어나서 뭐부터 공부하지? 얼마나 오래 할 수 있을까? 같이 하는 사람들이 있으면 좋겠다는 생각이 들 때쯤, 유명 강사님의 '미라클 모닝'을 알게 되었다. 2022년부터 새로운 삶을 살고 싶은 사람들은 다 모이라며, 1월 1일부터 새벽 5시에 일어나 다 같이 공부하자는 취지였다. 매일 새벽 유튜브 라이브 방송으로 짧게 강사님의 동기부여 강의를 듣고 책이든 필사든 각자 30분간 공부하는 14일간의 챌린지에 참여하였다.

사실 언제부턴가 내게 1월 1일은 더는 특별하지 않았다. 매일같이 뜨는 해를 볼 수 있는 어제와 같은 날이었다. 그러니 제야의 종소리도 새해 일출도 내겐 아무런 감흥을 주지 못했다. 희망찬 새해를 맞이해 보겠다며 자정까지 잠들지 않는 사람들과 새벽부터 산이나 바닷가를 찾는 사람들이 천진해 보였다. 저런다고 딱히 달라질 것도 아니면서 이 추운 날씨에 뭐 하는 짓인가 싶었다.

사실 지난 몇 년간 새해 아침을 절망감으로 시작했었다. 눈 떠 보면 이미 태양은 최선을 다해 빛나고 있고, 나는 또 밤새 한 살을 먹은 후였다. 그러니 새해 아침은 보통의 날들보다 어쩌면 더 절망적인 날이었다. 지난해에 대한 반성도 새해에 대한 희망과 계획도 없으니 새해 첫날은 그냥 얼른 지나갔으면 좋은 날이었다. 반성하고 계획하는 숙제를 하지 않아 온종일 들킬까 불안하고 찜찜한 날이었다.

이런 내가 새해 아침을 민낯으로 맞이하려니 새해 계획 정도는 세워야 할 것 같았다. 마침 아침 챌린지 시간에 각자 할 것들을 적어 보라길래, 제일 만만한 '독서'를 적었다. 무슨 책을 읽을지는 나중 문제였고, 일단 책장에서 읽지 않고 꽂혀 있던 책부터 찾았다. 눈으로 훑어 내려가는데 자기 계발 도서가 제일 많았고, 심리, 고전도 몇 권 보였다. 그리고 노트 몇 권이 내 눈에 들어왔다. 어디서 본 것 같기는 한데 하는 마음으로 노트를 펼치자 잊고 지냈던 지난날의 내가 거기 있었다. 아이들 재워 놓고 지치고 힘들 때 가끔 식탁에서 적었던 기억이 났다.

'나는 늘 성장을 꿈꾸던 사람이었구나. 방법을 모르고 꾸준함이 없어 자주 멈추긴 해도, 손에서 놓아 본 적은 없었구나.'

어린 남매를 겨우 재워 놓고, 이해도 되지 않는 고전을 필사하던 노트, 책을 읽고 감상을 적다 만 독서 노트, 한두 달 적다만 다이어리도 보였다. 철학서나 인문서를 읽으면 나도 좀 달라질까 싶어 샀다가 몇 장 읽다 만 누레진 벽돌 책, 줄 그어진 심리학 도서며 시집들. 그랬다. 나는 이런 사람이었다. 지난 몇 년을 무기력하게 보내긴 했지만, 누구보다 삶에 대한 열정과 의지가 넘치는 사람이었다. 이런 나였으니 찬란하게 빛나는 일출을 감히 마주할 수가 없었다. 나의 무기력과 죄책감을 들키고 싶지 않았으므로.

뭔가 새롭게 결심하고 시작해야 한다는 부담부터 내려놓기로 했다. 어차피 바닥부터 시작해야 하고 뭐라도 배우면 되는 일이었다. 당시의 나는 빈 도화지 같아서 어디 출발점 하나라도 찍고 싶은 심정이었다. 어느 부분에 무슨 색깔로 뭘 그리던

46 ·

시작만 하고 싶었다. 그렇게 지난 몇 년간 무기력하던 내가 조금씩 깨어나고 있었다.

'새롭게 시작하기에 늦었다고 생각하지 말자. 힘을 주어 대단한 걸 해내야 한다고, 무언가 되어야 한다는 부담감도 내려놓자! 그저 예전의 내 모습으로 돌아가기만 하자. 삶에 대한 열정이 가득했던 그때의 나로.'

절박한 사람들의
새벽 기상

[　　　절박한 만큼 꿈을 향한 도전과 실천은 선명해집니다. 　　　]

　그렇게 나는 22년 1월 1일부터 새벽 기상을 시작했다. 추운 날씨에 이불을 박차고 일어나는 결심은 마치 우는 아이를 남겨 둔 채 출근하는 엄마의 심정만큼이나 힘들었다. 막상 해 보니 나는 내가 생각한 새벽형 인간이 전혀 아니었다. 하지만 온갖 모진 결심에도 내 몸 하나 일으키지 못한다면 이제 정말 끝이라는 생각에 벌떡 일어나 책상 앞에 앉았다. 수면 양말을 신고 담요를 두른 채 떨리는 마음으로 컴퓨터를 켰다.

　단톡방으로 라이브 링크가 왔고 그걸 클릭하니 유튜브 생방송이 진행되고 있었다. 많은 사람의 실시간 댓글이 이어졌고 매일같이 새벽 5시에 5천 명이 넘는 사람들이 접속했다.

'도대체 이 사람들은 다들 뭐 하는 사람들이지?
어디 숨어 살다가 이 새벽에 떼로 나타나서는 왜 이렇게까지 열
정적이지?'

내 열정은 열정도 아니었다. 전국에서, 저 멀리 해외에서도
자기를 좀 봐 달라고 아우성치는 댓글을 보며 마치 사이비 광
신도들 사이에 번지수를 잘못 찾은 신도처럼 넋 나간 채 모니
터만 바라보았다. 올라오는 글을 보는데 누구 하나 절실하지
않은 사람이 없었다. 우울증을 극복하고 싶은 직장인, 한때는
누구보다 자기 일을 사랑했지만 육아로 경력이 단절된 주부,
아이들 시집·장가 보내고 이제 남은 시간은 자신을 위해 쓰
겠다는 환갑을 넘긴 여성들까지!
　분명 이분들도 나와 같은 심정으로 이 새벽을 맞이하며 앉
았을 것이다. 그동안 바빠서 자신을 돌보지 못했든 나태해져
서 그렇든, 새로운 도전으로 달라지고 싶은 간절한 마음은 그
무엇도 방해가 되지 못했으리라. 그렇게 하루가 이틀이 되고,
일주일이 지나자 14일간 완주하고 싶은 욕심이 생겼다. 점퍼
를 껴입고 앉아 있는 내 모습을 우연히 거울 속에서 보자 나도

모르게 피식 웃음이 나왔다.

'이렇게 열심히 공부할 거였으면 더 일찍 했으면 좋았을걸, 서
울대도 갔겠네!'

하지만 다시 돌아간다 해도 힘들다는 걸 바로 알 수 있었다.
그땐 대학에 가야 한다는 의무감에 하기 싫은 공부를 해야 했
고 어느 과목하나 좋아하는 수업이 없었다. 하지만 지금은 상
황이 완전히 달랐다. 하고 싶은 공부가 많아서 뭐부터 시작해
야 좋을지 설레기까지 했다. 마치 잔칫상에 맛있는 음식들이
즐비해서 어느 것부터 먹어야 할지 흥분되는 그런 기분 좋은
설렘 말이다.

새벽마다 열리는 소리 없는 열정 파티에 초대되어 한 시간
남짓 나를 태우고 나면 그렇게 기분이 상쾌할 수가 없었다. 마
치 학창 시절 밤늦게까지 도서관에서 열심히 공부하고 막 나
왔을 때의 그 뿌듯함이랄까? 이런 기분을 이 나이에 다시 느
끼게 될 줄이야! 오랜만에 느끼는 신선함이었다.

그렇게 새벽에 일어나 집중해서 책 읽고 이것저것 해도 시
간은 여전히 6시 30분, 여유 있게 출근 준비하기에도 충분했
다. 아침부터 내게 없던 시간을 선물받은 느낌이랄까? 물론

여전히 새벽 기상은 힘들었다. 알람 소리가 너무 무서웠고 일어나지 않아도 될 이유를 머릿속으로 수만 가지는 떠올렸다. 며칠 했으니 됐다, 이런다고 뭐가 달라지나, 피곤한데 잠이나 더 자라는 내면의 소리를 이기고 책상에 앉은 보람이 있었다. 잠들기 전, '내일 새벽은 또 어떤 공부를 할까?' 하는 생각에 설레며 잠들기도 했다.

말로만 듣던 새벽 기상이 바로 이런 맛이구나 싶었다. 하루의 시작을 나를 위한 시간으로 쓸 수 있다는 사실이 더 뿌듯했다. 가정주부, 직장인 할 것 없이 생각보다 나를 위한 시간이 없는 게 현실이다. 눈 비비고 일어나 피곤함에 지쳐 쓰러질 때까지 가족을 위해, 회사 업무로 온통 나의 에너지를 쏟는 게 보통의 일상이다. 뭔가 시간을 내어 책이라고 읽을라치면 계속되는 문자나 나를 찾는 누군가에 의해 중단되기 일쑤였다. 하지만 새벽 시간은 그 모든 걸 멈추게 했다. 아무도 나를 찾지 않았고 오롯이 내가 원하는 것에 집중할 수 있게 허락해 주었다.

세상에 오직 나 혼자인 새벽 시간은, 깨어 있는 자에게만 주어지는 귀한 혜택이다. 가장 소중한 '시간'이라는 선물을 날 위해 치열하게 쓰고 나면 그 뿌듯함은 충만감을 넘어 행복감을 맛보게 했다. 돈으로도 살 수 없는 귀한 보물을 내 의지로 발견했다는 사실이 더 기특했다. 내 인생에 없던 시간에 내 인생에 없던 공부를 하니 세상이 바뀌는 기분이었다. 내가 바뀌니 모든 게 달리 보일 수밖에. 절박한 사람들이 모여 차디찬 새벽 공기를 데우고, 보이지 않는 열정은 그야말로 소리 없는 전쟁터였다. 그렇게 내 인생에 가장 설레고 활기찬 새해가 시작되었다.

온라인이라는
신세계

[　　　　　꾸준하게 지속하는 힘, 커뮤니티가 답입니다. 　　　　　]

　절실함으로 시작했던 새벽 기상을 이어 가기 위해 함께할 친구들이 필요했다. 혼자서는 이내 포기할 것이 뻔했기에 시간이 없었다. 그러다 '미사시(미래를 사는 시간)'라는 자기 계발 커뮤니티를 알게 되었고 한 달간의 새벽 기상 인증을 통해 정식 회원이 되었다. 나처럼 새해부터는 달라지리라 뭔가를 작정한 사람들이 그렇게 함께 모였다. 대부분 40대에서 50대 사이 주부들이었고 40대가 주류를 이뤘다.

　사람들과 소통을 위해 내게 가장 시급한 일은 SNS를 시작하는 것이었다. 자랑이나 늘어놓으며 시간을 축낸다고 생각한 바로 그것 말이다. 계정부터 만들어야 인증이든 뭐든 가능했다. 겨우 만들긴 했으나 몇 개 되지 않는 단추들이 무슨 기능을 하는지 알 수가 없었다. 인스타 강의를 듣고 버튼 하나하나의 기능을 배워 나갔다. 쉽진 않았으나 그동안 주워들었던 단어의 뜻이 하나둘씩 이해되기 시작하자 마치 알파벳을 배워 단어를 읽어 내는 그런 성취감이 생겼다.

하지만 강의로는 부족했다. 실시간으로 모르는 것도 물어보고 문제점을 해결하고 싶었지만 그건 불가능한 일이었다. 하지만 이걸 가능하게 하는 것이 바로 커뮤니티였다. 다들 실력이 거기서 거기라 궁금한 것도 비슷하여 누군가 올린 질문에 대한 답변을 보면 쉽게 이해할 수 있었다. 또한 커뮤니티(미사시)의 리더 '새벽거인' 님은 아침 라이브 방송으로 인스타 사용 꿀팁을 하나씩 알려 주었고, 어미 새가 물어 준 먹이를 받아먹듯 우리 온라인 신생아들은 그렇게 열심히 받아먹었다.

뭐라도 하나 배운 날이면 다들 그걸 바로 사용해 보고 그 기쁨을 단톡방에 공유했다. 할 수 있는 기능들이 하나둘씩 늘어날 때마다 피드도 한줄 한줄 쌓여 갔다. 인스타의 팔로우가 생긴 것도 신기한데 자고 나면 숫자가 변해 있어 더 재미가 쏠쏠했다. 그래 봤자 어차피 같은 처지인 SNS 초보끼리의 품앗이가 대부분이었지만 누군가가 나를 '팔로우'한다는 생각에 함부로 글을 써서는 안 되겠다는 책임감도 느끼게 됐다. 마치 막 인지도가 생긴 신인 배우가 매사 언행을 조심하듯 말이다. 댓글을 달아 준 누군가가 진심으로 고마웠고 나도 찾아가 감사함을 전하며 그들을 응원했다.

그렇게 SNS에 빠져 재미를 느낄 때쯤, 누구나 한 번쯤 경험하는 일이 생겼다. 바로 유명 해외 스타나 누가 봐도 매력적인 남성이 자신을 팔로우하는 일이다. 언젠가 영화배우 키아누 리브스가 자신을 팔로우했다며 누군가 단톡방에서 흥분을 감추지 못했다. 그러자 여기저기서 같은 경험을 했다며 난리가 났었다. 나도 그랬다. 어느 날인가 프로필 사진이 백만장자처럼 보이는 남자가 나를 팔로우하며 말을 걸었다. 너무 떨리고 흥분한 나는 번역기까지 돌려 가며 정성스레 답변했다. 그렇게 몇 번의 대화가 오가던 중, 뭔가 말투에 영혼이 없어 보였다. 마치 로봇과 이야기하는 기분이랄까? 후에 SNS에서는 이런 일이 허다해 차단해야 한다는 사실을 알고는 놀란 가슴을 쓸어내렸다. 모르는 건 이것저것 다 눌러 봐야 배울 수 있다고 하지만, 함부로 눌렀다간 큰일 날 일도 많았다. 어디서나 음과 양은 공생하는가 보다.

나는 그렇게 매일 아침 SNS 스토리로 인친들과 인사하고 피드로 인증했다. 만들어진 결과물은 10초면 다 보는데, 그 10초의 영상을 만드는 데 걸리는 시간은 두 시간이 훌쩍 넘었다. 시간 잡아먹는 귀신이 따로 없었다. 그렇게 더듬거리며 애써 만든 피드가 실수로 삭제되거나 완성도 되지 않은 채 영상이 업로드되기도 했다. 수정할 줄 몰라 종일 난감해하며 어서 하루가 지나가길 바랐던 날들도 있었다. 마치 등 뒤에 '나는 바보'라고 적힌 종이를 알면서도 떼지 못하는 답답한 심정이었다.

사람에 따라 같은 걸 배워도 금방 따라 하고 응용할 줄 아는가 하면 나처럼 배운 것도 겨우 하는 사람들도 있게 마련이다. 이 둘의 차이는 기본적으로 호기심의 정도도 다르지만 아무 버튼이나 일단 눌러 보는 용기의 크기도 달랐다. 혹시나 잘못될까 배운 것만 겨우 눌러 보는 나와는 달리, 무조건 눌러 보고 파고들어 완전히 자기 것으로 소화하는 사람도 간혹 있었다. 같이 배우기 시작했지만 벌써 저만치 앞서가는 사람들을 볼 때마다 처음부터 사전 지식이 있다고 생각했다. 비결을 물어보니 주말에는 거의 온종일, 평일에도 서너 시간은 익히는 데 투자한다고 했다. 절대 내가 따라 할 수도, 하고 싶지도 않은 방법이었다.

내가 갖고 있지 못한 단어 중 하나가 바로 '집요함'이다. 이것저것 대충은 되는데, 한 가지만 알 때까지 집요하게 파고든 기억이 없다. 항상 뭔가를 월등히 잘하는 것보다 조금씩 다 아는 게 중요한 나였다. 어른이 되고 나이를 더 먹어도 이런 습성은 바뀌지 않았다. 작정하고 파고든다면 배움에 날개를 달 텐데, 알면서도 안 되는 게 집요함이었다. 공부든 일이든 하나를 잡고 파고들어야 제대로 써먹을 수 있다. 온라인으로 제대로 소통하고 배우기 위해서 나는 억지로 집요해져야 했다. 내가 평생 쓰지 않던 근육을 써야 하는 것처럼 매일 그렇게 조금씩 성장통을 겪었다.

닥치는 대로
배우기

> 배움으로 일상의 이름표를 달아 보세요!
> 나는 ○○ 하는 사람입니다.

온라인에서는 신생아나 다름없었기에 뭐든 배워야 했다. 처음에는 찍은 사진 위에 글자 한 자를 얹지 못해 손가락으로 그리듯 이름을 쓰고 인증을 했다. 사진 위에 텍스트를 쓰고 몇 가지 기능까지 익히니 얼마나 뿌듯하던지, 이렇게 글자를 익히듯 기초부터 하나하나 배워 나갔다. 그동안 수많은 사진을 찍었지만, 이런 참신한 기능이 있다는 사실조차 몰랐다는 게 신기할 정도였다. 버튼 하나를 눌릴 때마다 전혀 새로운 사진이 되는 세상이 그저 놀라웠다,

3장 내 안의 '나'를 다시 만나다

특히 우리 커뮤니티 사람들의 배움에 대한 열정은 남달랐다. 커뮤니티에 들어올 수 있는 조건인 30일 새벽 기상을 모두 해낸 이들이라 배움에 대한 의지도 남달랐다. 돌아보면 2022년은 '자기 계발'을 위해 내 몸과 마음, 시간을 다 바친 해라고 해도 무리는 아니다. 아침마다 라이브 방송에 참여해 인증하고 새로 배운 기능은 그날 바로 적용해 SNS에 올렸다. 또 누군가 시작한 릴스 챌린지에 지목되어 춤도 추고 얼음물을 뒤집어쓰기도 했다. 물론 최대한 얼굴을 가리고 변형했지만, 이전의 나라면 전혀 상상할 수도 없는 일을 내가 하고 있었다.

퇴근 시간 이후에도 바쁘기는 마찬가지였다. 제페토(ZEPETO, 3D 아바타 기반 소셜 플랫폼)와 이프렌드(ifland, SK텔레콤 메타버스 플랫폼)에서 만나 강의도 듣고 가상 세계에 내 공간도 함께 만들고 놀았다. 아이들이 이런 공간에서 자신들의 캐릭터로 게임을 할 땐 뭐가 그리 재밌나 했는데, 내가 그러고 있었다. 그것도 아이들이 알면 경악할 정도의 아주 귀여운 캐릭터로 다시 태어났다. 내가 모르던 세상이 이렇게나 무궁무진하게 존재한다는 사실이 그저 놀라웠고 혼자 히죽히죽 웃는 날이 많았다. 퇴근길 차 안에서, 사무실에서, 아이들 저녁 챙기며 부엌에서, 다들 각자가 처한 현실에서 줌(zoom)으로 모여 그렇게 우리만의 세상에서 아침이고 밤이고 만나며 익혀 나갔다.

배우고 싶은 것이 넘쳐 날수록 자신에게 필요한 것이 무엇 인지 고려하여 선택하는 것이 중요하다. 하지만 그때의 나는 전부 처음 보는 음식이라 이것저것 다 맛보고 내 입맛에 맞는 것을 고르고 싶었다. 나처럼 디지털이 서툰 사람들을 가르치 는 디지털튜터, 환경을 생각하는 실천가가 되고 싶어 그린인 플루언서 등 민간 자격증도 땄다. 같이 공부하는 도반끼리 조 를 나누어 새벽 줌으로 문제를 공유하고 시연도 하며 피드백 을 주고받았다. 토요일 새벽마다 줌으로 연결하여 각자 동네 를 '줍깅'하고 주운 쓰레기를 인증하고 공유했다. 여름 휴가지 에서도 새벽에 일어나 공부하며 인증하는 나날이 계속되었다. 그렇게 하나둘 성취하고 알아 가는 게 그저 좋았다. 이것들이 나중에 어떻게 쓰일지는 나중 문제였다. ESG가 뭔지도 모르 면서 추세라고 불리는 것들은 죄다 공부하며 특강을 들었다.

독서 모임, 특강, 자격증 공부까지 대학 졸업 이후 하지 않 던 공부를 한꺼번에 다 하는 기분이었다. 누가 시키지 않았는 데 왜 이렇게까지 하는지, 휴가지에 노트북을 들고 가질 않나, 토요일 새벽 동네 청소를 하지 않나, 내 의지와 판단에 앞서 그저 몸과 마음이 먼저 움직였다. 남들이 하면 나도 해야 했고 하고 싶었다. 맛보고 그 맛이 단지 짠지, 떫은지 몸소 경험해 보고 싶었다. 내 평생 이런 호기심과 적극성을 가져 본 적이 없었기에 나도 그런 내가 감당하기 힘들었다. 이미 의욕이 내 이성을 지배하고 있었다.

정해진 시간에 늘 할 일은 정해져 있는데, 없던 공부가 더해지니 몸이 견디질 못했다. 수면 부족으로 몸살이 나고 장시간 앉아 있어 허리가 아프다는 아우성이 여기저기서 들려왔다. 몇 주 보이지 않다가 나타난 사람들은 하나같이 병치레한 후였다. 다들 이렇게 공부하고 싶은 걸 그동안 어찌 참았는지 신기할 정도였다. 내 인생에 이제 공부는 끝났다고, 공부란 억지로 시켜서 하는 것으로 각인되어 있었는데, 몸살이 나도록 하는 공부라니! 예전에 막노동으로 생계를 이어 가던 젊은이가 서울대에 수석 입학한 이야기 『공부가 가장 쉬웠어요』라는 책이 생각났다. 그즈음 우리는 '공부가 가장 재밌어요'가 딱 맞는 일상을 살고 있었다.

막노동에 비할 순 없지만, 생계형 직장인인 나는 그렇게 시간과 몸을 쪼개어 하루하루를 살아갔다. 직장과 가정이라는 두 개의 선택지에서 직장과 가정 그리고 '나'라는 새로운 선택지로 새로운 삶의 목표가 생겼다. '나'를 선택할 수 있다는 사실조차 모르고 살았는데 이런 멋진 기회라니! 당당히 내 일상을 차지하고 들어서니 이제야 뭔가 내 삶의 등대가 켜진 기분이었다. 그저 무리 속에서 남들 따라 살아가다 내가 가야 할 등불이 밝혀진 셈이었다.

나아갈 방향이 정해지니 인생이 달리 보였다. 일상에 이름표를 붙인 기분이랄까? 군중 속의 '나'가 '김성희'라는 이름표로 정체성을 찾은 기분이었다. 보이는 불빛을 따라가는 길이 바로 배움이었다. 그 과정 안에 수많은 시행착오가 있을 것이다. 하지만 불빛이 보이니 끝내 가 닿을 수 있다. 멈추지만 않으면 된다. 지금은 알 수 없지만 머지않아 내 이름표에 선명하게 박힐 내 꿈의 이름에 다시 한번 설렜다.

줌(zoom)에서
살아가기

[　배움은 장기레이스! 욕심내지 말고 체력에 맞춰 나가세요.]

　코로나 시국인데다 먹고살기 바쁘니 모든 모임은 온라인에서 이루어졌다. 처음에는 다들 줌 기능이 서툴러 스피커를 꺼둔 채 혼자 실컷 말하기도 하고 또 어느 날엔 소리를 켜 두어 온 집안 사정을 방송하기도 했다. 나이대와 생활방식 등 각자 사정이 다르다 보니 가끔 화면 뒤로 난입하는 가족들이 웃음을 자아냈다. 자다 말고 깬 꼬마가 공부하는 엄마 품에 털썩 안기는가 하면, 개구쟁이 형제들은 내복 차림으로 댄서처럼 춤을 춰 댔다. 늦은 시간 모니터 앞에만 있는 마누라가 못마땅

한 남편이 갑자기 들어와 잔소리하다, 화면 속 자신을 수십 명의 아줌마가 보고 있다는 사실에 잠시 얼었다 잽싸게 빠져나가기도 했다.

게다가 각자가 공부하고 있는 장소가 어디인지 보는 재미도 쏠쏠했다. 지금이야 모든 줌 미팅에는 배경 화면을 만들어 통일하지만, 그때는 그렇게 체계적이지 못했다. 배경 화면을 흐리게 하는 걸 몰라 지저분한 집안 살림을 적나라하게 화면으로 생중계하기도 했다. 사람들은 각자 아늑한 서재에서, 군대 간 아들 방에서, 시집간 딸 방에서, 드레스룸에서, 식탁 위에서, 채 정리하지 못한 거실 탁자에서 그렇게 현실의 자신을 고스란히 데리고 아침저녁으로 모였다.

새벽 시간은 가족들도 잠을 자고, 핸드폰도 울리지 않으니 집중이 잘되었다. 모니터를 뚫고 나올 듯한 사람들의 강렬한 눈빛들이 세상의 어둠을 조금씩 깨우는 듯했다. 하지만 저녁 시간은 사정이 달랐다. 직장에서 야근 중이거나 퇴근길이라 듣방(줌에서 모니터와 소리를 끈 채 참석하는 것)을 하는 사람들이 많았다. 설령 집에 도착해도 가족들 식사 준비로 수시로 오가며 화면에서 사라지고 나타나기를 반복했고, 나 역시 그런 사람 중의 한 명이었다.

퇴근 시간 종종거리며 버스를 기다릴 때면, 가끔 어릴 때 좋아했던 빨간 머리 앤이 생각났다. 사실 앤보다 길버트를 좋아했단 말이 맞겠다. 대학 시절 언젠가 이른 저녁에 빨간 머리 앤이 재방영된 적이 있었는데, 수업을 마치자마자 나는 친구들에게 인사를 하는 둥 마는 둥 잽싸게 버스를 타고 집으로 갔던 기억이 난다. 마치 그 시절의 나처럼 좋은 강의를 놓칠세라 지하철 시간표까지 확인해 가며 집으로 돌아오곤 했었다. 하지만 내 의지로도 안 되는 일이 있었으니 바로 집안 행사나 회식이 있는 날엔 아쉬운 마음에 저녁 내내 집중할 수가 없었다.

그래도 용케 컴퓨터 앞에 앉아 강의를 듣는 날이면, 마치 야간학교 학생이 된 것처럼 의지가 타올랐다. 낮에는 일하고 밤에는 공부하는, 책에서만 보던 주경야독의 생활을 이 나이에 할 줄이야! 드라마에선 보통 이렇게 어렵게 공부한 주인공들이 성공하고 출세한다. 나도 내 인생의 주인공이니 이렇게 하면 꿈을 이룰 수 있을 거라는 기대로 마치 가세가 기운 집안을 기필코 일으키겠다는 그 옛날 선비처럼 그렇게 매일 매일 치열했다.

그중에서도 가끔 있는 저자 특강이 가장 기대되었다. 미리 구매한 책을 읽고 만나는 거라 내용에 대한 이해는 물론 질문까지 할 수 있으니 좋은 기회가 아닐 수 없었다. 이런 날이면 정말 많은 사람이 참석하기 어려운 수만 가지의 사연을 다 뿌리치고 힘겹게 모였다. 그 이유가 특강 내내 화면 뒤로 비친다. 나야 아이들이 중학생이라 그리 손이 갈 일이 없지만 어린 자녀가 있는 주부들은 그야말로 특강 내내 전쟁을 치른다.

그러다 시간이 늦어지면 여기저기 화면이 꺼지거나 꾸벅거리며 조는 사람들이 눈에 띄었다. 졸지 않으려고 안간힘을 쓰는 사람, 대놓고 고개를 숙인 사람, 나처럼 급기야 화면을 끄고 방바닥에 드러눕는 사람 등 한두 명씩 나가떨어지기 시작했다. 강의에 열중하던 강사님도 그제야 사태의 심각성을 알고 특강을 마무리하며 끝낸 적도 있었다.

여름 언젠가 아주 기대하던 저자 특강을 듣고 있었다. 내용이 어렵기도 하고 생소하여 초반에는 나름 기록도 해 가며 집중했다. 하지만 자정이 지나자, 내 몸과 정신은 내가 통제할 수 없는 지경에 이르렀다. 이미 많은 사람의 화면이 꺼져 있었고 이름 석 자만 홀연히 남은 공간이 많이 보였다. 하지만 작가님과 남은 사람들의 열정은 식을 줄 몰랐고, 나는 급기야 화가 난 듯 컴퓨터를 강제로 끄고 기절하듯 잠이 들기도 했다.

사실 체력의 문제보다 수면 부족의 이유가 가장 컸다. 하나라도 더 하고 싶은 욕심에 체력이 따라 주지 못하는데도 여기저기 끌고 다니며 억지로 일으켜 앉혔었다. 낮에는 회사에서 저녁엔 집안일에 지친 몸을 밤에는 좀 뉘어 줘야 하는데 그렇게 하질 못했다. 내 몸이라고 함부로 썼던 시절이었다. 줌 배경으로 보이던 사람들의 집안 풍경이, 각자가 처한 상황이 처음에는 재밌다가 나중에는 조금씩 안쓰럽게 느껴졌다. 배움의 날들이 길어질수록 그렇게 열정적인 사람들도 하나둘씩 화면에서 사라지고 한동안 보이지 않았다.

말문 트는 데 1년!

두려워하는 일일수록 자신을 더 자주, 드러내세요!

익숙하고 편안해집니다.

함께 공부를 시작한 사람들은 나이도 직업도 다양했다. 가끔 독서클럽 활동 때, 자신의 이야기를 섞어 느낀 점을 얘기하다 보면 개인사가 묻어 나오기 마련이었다. 같은 상황과 이야기를 두고도 각자의 경험을 더해 다양하고 독특한 방법으로 해석했다. 주부로서, 예전에 했던 일에 빗대어, 지금 하는 사업이나 가족사에 따라 해석이 달라지니 이런 재미로 독서클럽 활동을 하나 싶었다.

다른 공부는 주로 듣기만 하면 되는데 독서 모임은 조금 달랐다. 내 의견을 한 번은 얘기해야 하기에 책 내용과 내가 발표할 내용의 정리가 필요했다. 다들 편안하게 자신의 경험담을 잘도 얘기하는데 나는 내 차례가 다가올수록 가슴이 뛰고 어찌해야 할 바를 몰랐다. 청중들 앞에 선 것도 아니고, 홀로 있는 방에 명함 사진처럼 작게 보이는 사람들을 바라보며 몇 마디 하면 되는데 그게 말처럼 쉽지 않았다. 긴장해서 마이크를 켜는 것도, 중간중간 말이 빨라져 가쁜 숨을 들키지 않게 쉬는 것도 나에겐 버거웠다.

내 차례가 되기 전, 발표할 첫 문장을 종이에 적어 두었다. 시작이 무난해야 긴장도 풀리고 내용도 술술 나오는 법이다. 키워드를 적어 놓고 힐끔힐끔 봐 가며 최대한 자연스럽게 말하는 연습을 했다. 긴장한 탓에 나의 발표는 생각보다 빨리 끝났고 남의 이야기를 듣는 시간이 많았다. 확실히 말을 잘하는 사람들은 하는 일도 남 앞에 나서는 직업을 가진 사람들이 대부분이었다. 유익한 말도 많았지만, 가끔 얘기가 너무 길어져 힘들기도 했다. 한참 주제를 벗어나 뜬금없는 이야기를 하거나, 말 중간중간에 추임새가 많아 지루함을 느끼게 하는 등 다른 사람을 통해 내 말의 습관도 뒤돌아보게 되었다.

남 앞에서 내 이야기를 하는 건 언제나 긴장되는 일이다. 학교생활이 끝나면 다시는 발표할 일이 없을 것 같았지만 전혀 그렇지 않았다. 오히려 더 섬세하고 세련된 발표 기술이 필요했다. 하다못해 상사 앞에서 1:1로 대면 보고를 할 때도 긴장되는 경우가 있는데, 특히 그 사람의 성격이 까칠할 땐 보고를 기다리는 내내 긴장이 된다. 핵심부터 먼저 보고하면서 말의 속도도 적당히 유지해야 한다. 고른 숨을 자연스럽게 내쉬며 소리 없이 침도 삼키면서 말이다.

그에 비하면 줌에서 발표하는 일은 훨씬 수월하다. 할 말을 적은 종이를 나란히 두고 적당히 곁눈질하며 읽을 수도 있고, 미세한 떨림까지는 전달되지 않으니 말이다. 그렇게 한 번 두 번 경험이 쌓이자 조금 긴장도 줄었다. 내 기억으로 누가 시키지 않았는데도 스스로 질문을 하기 시작한 것이 거의 1년은 지났을 때부터였다. 채팅창에 글을 쓰는 것도 어색했던 내가, 마이크를 켜고 목소리를 내기까지 남들보다 시간이 훨씬 오래 걸렸다. 사람들은 생각보다 남에게 관심이 없고 하고 나면 아무것도 아닌 일인데, 나는 필요 이상으로 온갖 시선에 신경을 썼다.

줌(zoom) 미팅을 하고 나면 항상 마지막엔 인증 사진을 찍었다. 아이들이 손가락을 얼굴에 대고 'V'자를 하는 것처럼 중년의 우리는 우아하게 양 손바닥을 펼쳐 턱에 괴어 마치 피어

나는 꽃을 연상시키는 포즈를 취했다. 처음에는 우습고 어색했다가 나중에는 너무도 익숙하게 자세를 취했다. 누군가 '하나, 둘, 셋.' 하면 화면 칸칸이 들어앉은 우리는 일제히 양손을 꽃받침처럼 활짝 펴고 세상에서 가장 아름다운 미소를 지었다. 공부하고 나서의 개운함. 새로운 것을 또 하나 배웠다는 뿌듯함, 아직은 이쁘고 싶은 새침함이 묻어나는 표정이었다.

그렇게 모여서 공부하고 나면 여간 뿌듯한 게 아니었다. 인증 사진을 스토리로 올리거나 영상으로 만들어 '나 요즘 이렇게 살고 있어요' 하며 자랑하고 싶었다. 차마 얼굴은 공개할 수 없었기에 예쁜 스티커 사진이나 모자이크로 처리하고, 내가 하고 싶은 말과 사진들로 또 다른 나를 만들어 가고 있었다.

백 명이 넘게 모인 줌 미팅에서 조그맣게 보이는 내 얼굴조차 쳐다보기 힘들었고, 누가 시켜야 겨우 입을 떼던 나였다. 물론 지금도 줌 미팅이 그리 편한 건 아니지만 떨리는 증세는 많이 사라졌다. 직장에서 코로나 시절 줌으로 교육을 받은 적이 있었는데, 자연스럽게 내가 채팅창에 질문을 하고 있었다. 분명히 사람들은 그 글을 보고 나를 쳐다볼 걸 알았지만 궁금한 게 먼저였고 부끄러움 따윈 별로 신경 쓰이지 않았다.

1년 넘도록 줌에 수십 번도 더 접속하면서 기본적인 줌 사용법을 익힌 것도, 내 의견을 자연스럽게 말할 수 있게 된 것도 나에게는 아주 큰 수확이었다. 코로나 이전에는 이런 것이 있는지조차 몰랐고 알고 싶지도 않았던 나인데, 짧은 기간 동안 많은 변화가 있었다. 비록 비대면이긴 했지만, 남들 앞에서 입을 뗄 용기를 얻어, 대면에서도 당당히 발표해 보고 싶다는 떨리고 설레는 꿈을 갖게 되었다.

카톡 지옥

[
온라인 대화방에서의 적정한 소통은
새로운 경험과 기회를 가져다줍니다.
]

　공부를 시작하면서 가장 많이 바뀐 것이 있다면 핸드폰을 끼고 산다는 것이었다. 예전엔 전화를 받거나 가끔 문자 보낼 일이 아니면 핸드폰을 들여다보는 일이 없었다. SNS도 유튜브도 관심이 없던 시절이라 그야말로 핸드폰은 나에게 똑똑해야 할 이유가 전혀 없었다. 그런 나에게 오픈 채팅방은 여간 번잡스럽고 정신없는 공간이 아닐 수 없었다. 수십 명에서 수백 명이 모인 사람들이 한마디씩만 해도 읽지 못한 메시지 수는 금방 세 자릿수가 되어 있었다.

업무 시간엔 도저히 볼 엄두도 짬도 나지 않아 점심시간에 들여다보면 도대체 무슨 말이 오고 갔는지 읽어 내는 데만 수분이 걸렸다. 이런 걸 사람들은 '벽타기'라고 불렀는데 손가락을 아래쪽으로 스크롤 해 가며 읽어 내려가는 모습에서 기인한 것 같다. 하지만 사실 거의 대부분은 이 벽타기조차 힘든 날이 많았다. 혹시나 놓치는 중요 정보가 있을까 봐 하나씩 보고 있자면 슬슬 화가 치밀어 올랐다.

서로가 잘 모르는 익명의 사람들이 모여 있다 보니 다양한 개성을 가진 사람들이 많았다. 누군가 친구와의 개인 대화방처럼 편하게 이야기하면 거기에 반응을 보이고, 그러다 슬슬 잡담과 농담이 오가는가 하면, 또 새벽이고 밤이고 할 것 없이 자기 편한 시간에 하고 싶은 말을 하는 이해 못 할 사람들도 있었다. 물론 이런 경우는 꼭 방장이나 누군가에게 저지를 당하거나 경고를 받기도 했지만, 별 대수롭지 않게 여기는 듯했다.

성격도 급한 데다 무례한 행동을 특히 싫어하는 나는 대놓고 뭐라고 말하고 싶었으나, 이런 공공의 장소에서는 또 극 I 의 성향인지라 찍소리도 못 내고 매일 속만 끓었다. 그야말로 존재하되 보이지 않는 투명 인간처럼 그렇게 온라인에 기생하듯 거주하고 있었다. 시간이 지날수록 배움이 증가할수록 단톡방의 수가 하나둘 늘어나기 시작했다. 무슨 공부든 시작하게 되면 일단 함께 모여 이야기하고 소식을 전하고 의논할 일이 많게 마련이다. 이때 카톡만큼 유용한 것이 없다는 건 온 국민이 아는 상식이니 어찌 보면 당연한 순서였다.

카톡방이라곤 가족과 회사, 친구 몇 명이 모인 것이 전부였는데, 이곳은 비슷한 관심사를 바탕으로 열정 넘치는 여성들이 모이다 보니 그 에너지가 식을 줄 몰랐다. 그 중 유난히 말이 많은 사람들은 거의 종일 핸드폰만 들여다보는 듯했다. 그러지 않고서야 그렇게 빨리 대답하고 이야기를 이어 가는 건 불가능하기 때문이다. 또 신기한 이모티콘은 얼마나 잘 사용하는지 가끔 소리가 나는 이미지 때문에 당황했던 적도 여러 번 있었다.

이렇게 단톡방에 하루에도 수많은 말이 오고 가자 사람들이 느끼는 피로도는 상당했다. 기본적으로 몇 개나 되는 단톡방을 수시로 체크해야 한다는 부담감이 있었다. 일하면서 읽지 않은 메시지의 숫자를 보게 되면 마음이 조급하고 초조해졌다. 이것에 신경을 쓰다 보면 정작 나에게 온 중요한 메시지를 놓치는 경우도 더러 있었다. 처음엔 무음 기능을 몰라 나름 소리를 없앤답시고 진동으로 설정하여 얼마나 징징거렸던지, 그 소리 때문에 노이로제가 걸릴 지경이었다. 도대체 무슨 이야기들이 오고 가는지 핸드폰은 연신 울어 댔고 보조 배터리와 충전 선은 외출 필수 아이템이 되었다.

단톡방의 대화를 보고 있노라면 참 신기한 생각이 들었다. 어쩌면 다들 이리도 말을 편하게 하는지. 나는 지금도 단톡방에 말을 남기는 것이 꽤 신경 쓰이는데 말이다. 몇 번을 생각하고 나에게 대화를 보내서 다시 한번 확인하고 올릴 때가 많다. 그것도 내가 먼저 자발적으로 글을 쓴 적은 거의 없고 다 같이 축하나 격려, 위로 등의 글이 올라올 때, 살포시 끼여 내 글이 눈에 띄지 않고 묻혀 가길 원했다. 줌에서 얼굴을 공개하는 것만큼이나 단톡방에서 내 이름으로 글을 올린다는 건 부담스러운 일이었다.

이렇게 정신없이 혼란스러운 곳이지만 만약 이런 단톡방이 없었다면 우린 어떻게 서로를 알고 정보를 교환하고 성장해 나갈 수 있었을까? 서로 어색하고 모르는 사람끼리 대화를 나누기에 이것만 한 것도 없다. 그리고 자신의 이야기와 정보를 나눠 줄 강연 링크도, 도움이 되는 영상도, 사이트도 모두 이곳을 통해서 서로에게 전달된다. 똑같이 생긴 사람이 없듯 내 마음과 같은 이도 없다. 서로 비슷한 듯 다른 게 사람이니까.

단톡방 생활 초기에는 너무도 활기찬 이들의 대화와 농담으로 피로도는 물론 스트레스가 많았다. 얼굴도 이름도 모르는 닉네임의 누군가를 미워한 적도 있었다. 왜 저렇게 말이 많은지 호들갑을 떠는지 도대체 이해할 수가 없었지만, 시간이 갈수록 성향이 그런 사람이라는 걸 인정하게 되었다. 틀린 게 아니라 나와는 다르다는 것을 받아들였다. 밝고 순수한 성격이라 기쁜 일이든 슬픈 일이든 표현해야 하는 일정한 크기의 에너지가 있는 듯했다. 감정을 속으로 삼키고 표현을 1만큼 하느냐, 반대로 밖으로 9만큼 하느냐의 차이지 느끼는 감정의 총량은 같았다.

어쩌면 온라인 대화방은 우리의 또 다른 삶이자 세상이다. '평소 되고 싶었던 나', '내면에 숨어 있던 나'가 되어 보는 것도 괜찮겠다 싶었다. 어색하지만 조금은 힘을 주어 명랑하게! 그런다고 나더러 뭐라고 할 사람도 없었다. 모두 자기 삶이 바빠 남에게 신경 쓸 여유가 없다. 내 페르소나를 만들어 연습하기 딱 좋은 기회의 공간이다. 평소와 다르게 사고하고 행동하다 보면 또 어떤 일이 생길지 아무도 모를 일이다.

우리들의 연예인

[
　　　중년, 그들만의 리그에서도 얼마든지 스타가 될 수 있다.
]

어느 단체나 인기 스타가 있게 마련이다. 그런 사람들의 특징을 살펴보면 반드시 나에게 도움이 되는 장점이 있다. 가령 함께 있으면 나를 즐겁게 한다거나, 뭔가 배울 것이 있어 나를 성장시킨다는 공통점을 가지고 있다. 특히 자기 계발 커뮤니티에서 사람들이 가장 열광하는 유형은 자기가 가진 지식을 나누어 주거나 영감을 함께 나누는 사람들이다. 배움에 목말라하는 사람에게 먼저 배워 보고 쉽게 설명해 주는 것만큼 고마운 일도 없다.

사실 공부를 시작하면 무엇을 배워야 할지, 무엇부터 해야 할지가 누구나 갖게 되는 고민이다. 그래서 인스타나 단톡방에서 무료 강의를 한다고 하면 무턱대고 달려가서 듣기부터 했다. 무엇에 쓰임이 있는지는 중요하지 않았다. 하나라도 배워 두면 뭐라도 도움이 되겠지 하는 마음에, 마트에서 타임세일을 외치는 소리에 이끌리듯 그렇게 끌려다녔다. 그렇게 아침저녁으로 배우러 다녀도 나에게 적용하지 않으면 일회성에 지나지 않았고 몸은 피곤한데 머리에 남는 건 없었다.

그렇게 나처럼 열심히만 하는 사람이 있는가 하면, 효과적으로 자신에게 작용하여 즉각 실행하며 한 단계 나아가는 사람들도 있었다. 단톡방에서 자기가 알게 된 지식과 유용한 팁들을 가르쳐 주었고 사람들은 '좋아요'를 누르며 감사를 표했다. 그런 사람들의 반응에 더 신이 난 이들은 더 열심히 활동했고, 나처럼 낮을 가리는 사람이나 머뭇거리는 사람들도 동참할 수 있도록 용기와 격려를 아끼지 않았다.

한창 코로나 시국이라 오프라인으로는 만날 수 없었고 오직 온라인을 통해서만 소통할 수 있었다. 그러다 보니 마치 티브이에 나오는 연예인처럼 여겨지기 시작했고 언젠가 꼭 한번 직접 만나고 싶다는 생각이 들었다. 온라인에서는 대부분 닉네임으로 활동하니 'ㅇㅇ 님'으로 서로를 부르며 그렇게 신뢰와 우정을 쌓아 갔다. 아이들이 유명 유튜버를 우상화하며 좋아하는 것이 이해되지 않았는데 그제야 조금 알 것 같았다. 티브이에 나오는 유명인만 연예인이 아니라 온라인에서도 수많은 연예인이 존재한다는 사실을 알게 되었다.

그러다 코로나 거리 두기가 완화되면서 모임도 가능하게 되자 드디어 오프라인으로 만날 기회가 생겼다. 수십 명이 만날 장소이니 장소 섭외부터 음식, 프로그램까지 또 누군가가 봉사한 덕택에 모일 수 있었다. 서로의 본명을 모르니 활동 닉네임으로 이름표를 달고 서로를 알아보았다. 누구 하나 반갑지 않은 이가 없었다. 늘 줌에서만 보던 사람들을 직접 눈앞에서 만나게 되니 마치 연예인이 가득한 방송국에 견학 온 것처럼 설렜다. 이리 봐도 신기하고 저리 봐도 반가운 얼굴뿐이었다.

마치 오래된 여고 동창들을 만난 것처럼 손을 마주 잡고 방방 뛰거나 얼싸안고 서로의 간절했던 그리움과 반가움을 격하게 나누었다. 실제로 만나고 보니 재미있는 사실이 하나 있었다. 줌 화면의 포토샵 기능 덕분에 모두가 피부미인에 앳되게만 보였는데 현실의 우리는 모두 제 나이만큼 보이는 중년의 아줌마들이었다. 적당한 기미와 주름, 흰머리, 자그맣고 통통한 체구까지 나처럼 평범한 사람임을 알게 되자 더 정겹고 친근하게 느껴졌다. 아마 겉으로 표현은 하진 않았지만 대부분 나와 비슷한 느낌이 들었을 것이다.

실제로 만나기 전까지는 정말 나와는 다른 사람인 줄 알았는데, 손을 부여잡고 눈을 맞추며 얘기를 나누는 동안 보통의 우리와 다르지 않음을 알게 되었다. 단지 나보다 조금 더 일찍 자기 계발을 시작했고, 다른 사람보다 조금 더 열심이었고, 사람들에게 아는 지식을 나누고자 하는 용기와 선한 마음이 강한 사람들이었다. 이런 이유만으로도 충분히 다른 사람에게 동기부여를 주고 함께 공부하며 성장하고 싶다는 각오를 다지게 했다.

좀 더 나은 내가 되고 싶어 시작한 공부에서 새로운 종류의 사람이 있다는 걸 알게 되었다. 세상에는 잘나고 못난 사람, 보통의 사람들만 있는 줄 알았는데 누구보다 열정적으로 자신과 남을 위해 하루하루를 살아가는 사람들이 있다는 걸 알게 되었다. 처음엔 이들도 그리 특별하지 않았다. 공부를 통해 자신을 알게 되면서 자신을 사랑하게 되었고, 타인에게 기여하는 삶이 얼마나 가치 있는지, 그것이야말로 진정 자신을 성장시킨다는 사실을 알게 된 사람들이었다.

넘어야 할 산이 한두 개가 아니었지만 나도 그런 사람이 되고 싶었다. 일단 배워서 익혀야 하고, 지식을 나눠 줄 용기와 내 시간을 기꺼이 할애할 희생정신도 필요했다. 그래서 나도 누군가로부터 받은 수많은 도움을 나누어 주어 기쁨과 행복을 줄 수 있는, '우리들의 연예인'이 되기를 꿈꾸었다.

3부

앞만 보고 달리기

엄마가
다단계에 빠졌다

[가족과의 소통과 이해는 나의 성장을 위한 가장 큰 응원입니다.]

아침이고 밤이고 노트북 앞에 앉아 있는 날이 많아졌다. 아이들은 내가 한창 공부에 몰입 중일 때 엄마를 찾았고, 식사 시간은 어김없이 돌아왔고 세탁기 빨래는 멈춘 지 오래였다. 이럴 땐 내가 투명 인간이 되어 식구들 눈에 안 보였으면 하고 바랐다. '그러면 다들 알아서 밥도 차려 먹고 날 찾지도 않을 텐데.' 하는 엉뚱한 상상을 하며 하던 공부를 멈추고 엄마와 아내로 돌아오는 날이 반복되었다.

다행히 아이들은 사춘기에 접어들면서 먹는 것과 돈 문제가 아니면 나를 찾는 일이 뜸해졌고, 남편도 혼자만의 시간을 즐기는 편이라 딱히 방해꾼은 없었다. 혼자 공부하기에 완벽한 때가 온 것이다. 예전 같으면 얼른 리모컨을 집어 들고 티브이 앞으로 갔을 나였다. 주전부리를 앞에다 두고는 끝까지 안 보고는 못 견디는 드라마를 보거나, 그저 웃게 만드는 예능을 보며 시간을 보냈을 것이다. 하지만 그 시간이 주는 설렘은 이제 티브이가 아닌 노트북 앞이었다.

하지만 제아무리 가족들이 달라진 내 모습을 이해한다 해도 가끔 나 스스로 생각해도 너무할 때가 많았다. 휴일에도 종일 방구석에서 등만 보인 채 모니터만 바라보고 있으니 가족들도 조금씩 불만이 쌓여 갔다. 뭔가를 열심히 배우는 건 알겠는데 도대체 밤낮으로 저렇게까지 해야 하는지 이해하기 힘들었을 것이다. 슬슬 가족들의 불만이 말투와 표정으로 드러나기 시작했다. 사실 남편은 내 공부에 마음으로는 지지하는 편이었으나, 혹시나 이상한 사람들과 어울리는 건 아닌지 내심 걱정하는 눈치였다. 그도 그럴 것이 전력이 있기에 남편의 의심은 당연했다.

아이들이 대여섯 살 때쯤, 나는 마음속 근심을 비워 평생을 걱정 없이 살 수 있게 한다는 수련 방법에 빠져 남편을 불안하게 했었다.

"자기야, 회사 근처에 명상센터가 새로 생겨서 한번 가 봤거든. 그냥 앉아서 떠오르는 기억을 버리면 마음의 근심이 사라진다는 원리인데, 잠시 해 보니 머릿속이 너무 개운하고 좋아. 다음에 자기도 같이 가 보자. 어떤 엄마들은 아이들도 데리고 오거든. 특히 어릴 때부터 이렇게 명상하면 집중력도 좋아지고 스트레스를 모르고 자란대!"

그렇게 평일에도 일을 마치면 회사 5분 거리의 센터에 들러 명상하고 밤늦게 오곤 했다. 그러다 주말에도 가끔 가게 되면서 남편과의 다툼이 잦아졌다. 남편은 내가 거기에 점점 빠져든다는 생각이 들었는지 그날 밤도 센터에서 돌아온 나에게 같은 질문을 했다.

"거기 사이비 아니야? 그렇게 비슷한 명상법들이 많은데, 결국엔 자신들이 말하는 '신'의 존재가 마지막에 나타나더라."

한마디로 남편은 내가 그만 다니길 원했다. 만약 정 못 끊겠으면 혼자 다니되 횟수나 시간을 줄여 달라고 부탁했다. 거기에 더해 혹시 아이들까지 데리고 간다면 그땐 정말 끝이라며 엄포를 놨다. 그의 말에 나는 쏘아붙이듯 받아쳤다.

"내가 여러 번 말했잖아. 이렇게 명상하고 나면 너무 마음이 편해진다고! 나도 살고 싶어서 하는 거라고. 이게 사이비란 증거 있어? 나도 인터넷 찾아봤는데 전부 좋은 얘기뿐이더라. 자기가 사이비란 증거 찾으면 내가 그만둘게. 아니면 더는 나한테 그만하라는 얘기 하지 마!"

그렇게 3년 가까이 다니던 어느 날, 남편과의 갈등이 절정을 치닫고 있을 무렵, 3박 4일 수련회에 참가하고 돌아오는 버스에서 나는 드디어 깨쳤다.

'남편 말이 맞는구나…. 이거 종교네. 그렇게 치켜세우더니 결국엔 '신'이라는 얘기구나!'

어릴 때부터 교회며 성당, 절을 다 따라다녀도 나에겐 '믿음'이라는 게 생기지 않았다. 성인이 되어도 마찬가지였다. 정말 그런지 늘 의심했었다. 그래서인지 수련회에 함께 간 사람들은 깨친 것 같다며 좋아서 눈물까지 흘렸지만 나는 그런 사람들을 멀뚱하니 쳐다만 보았다. 그렇게 아무 깨침 없이 집에 거의 닿을 때쯤, 그제야 나에게도 큰 깨달음이 온 것이었다.

오신 내 안의 메미라 무나

88 •

'3년간 헛짓했구나…!'

그러다 또 언제는 동네 미용실 원장님의 말솜씨에 혹해서는 다단계 화장품을 구매하고 판매도 해 볼 생각에 식구들에게도 소개했었다. 마침 사업 설명회가 있던 날, 언니들과 형부를 만나게 되어 잠시 얘기해 주었다.

"내가 다니는 동네 미용실 원장님이 진짜 좋은 화장품 하나 소개해 줬거든. 자기도 한번 써 보고 너무 좋아서 이번에 판매도 한번 해 볼 거래."

나는 제품의 우수성을 약장수처럼 떠들썩하게 설명하며 사업 설명회에 같이 가자고 설득까지 했다.

"네 말만 들으면 딱 다단계 같은데, 마침 밥 먹고 배도 부르니 구경 삼아 한번 가 보자!"

그렇게 우리는 간판도 없는 허름한 건물에 누가 봐도 혹해서 온 사람들만 모인 사무실에 도착했다. 사무실엔 들어가지도 않고 언니와 형부는 어이없는 표정을 짓더니 내 말만 믿고 따라온 자신들을 탓하며 얼른 내 손을 낚아채듯 잡아끌고 밖으로 나왔다.

"내 이럴 줄 알았다. 딱 봐도 다단계네. 아이고, 우리가 혹시나 하고 네 말을 믿은 게 잘못이지. 니 아직도 모르겠나? 됐고, 맛있는 거나 먹으러 가자!"

그러고는 허탈하게 웃었다. 이후 당분간 나의 철없는 팔랑귀 에피소드는 여러 번 가족들 입에 안주 삼아 오르내렸다.

이렇듯 남편이 걱정하는 데는 이런 과거 이력이 한몫했다. 게다가 내가 예전에 솔깃했던 그것들과 자기 계발 공부의 공통점이 있었다. 둘 다 초반에 푹 빠지면서 무조건 그것이 옳다고 절대적으로 믿으며 무언가에 홀린 듯 행복한 표정을 짓는다는 것이다. 인생에서 아주 중요한 보물이나 비밀을 마치 혼자 알게 된 사람처럼, 그렇게 구름 위를 걷듯 들떠 있다는 점이 아주 판박이였다. 아이들도 어느 날 나에게 불만을 표출했다.

"엄마는 왜 맨날 노트북 앞에만 앉아 있어? 아줌마들하고 공부하는 게 그렇게 재밌어? 다들 어른인데 이제 공부 안 해도 되잖아!"

아이들은 세상에서 제일 하기 싫은 게 공부인데, 그럴 필요도 없는 어른들이 왜 저렇게까지 열심인지 도저히 이해되지 않았던 것이다. 아이들이 알던 엄마의 모습은 퇴근 후 집에 와서 약간의 잔소리와 집안일을 끝내 놓고 밤마다 티브이를 보며 웃고 울다 잠드는 사람이었다. 그랬던 엄마가 너무 변한 것이다. 끼니때가 되면 부엌에 있어야 할 엄마가 책상 앞에 앉아 있으니 배고프단 말도, 밥 언제 줄 거냐는 투정도 부리기 쉽지 않았던 속사정이 있었다.

이런 가족들의 불편과 불안한 마음을 알고 서서히 속도를 조율하기 시작했다. 식구들이 잠든 시간이나 혼자 있는 시간을 최대한 활용하고, 함께하는 주말에는 가족들과의 시간에 집중했다. 사실 내 공부는 나에게나 소중하지, 대외적으로 나는 사춘기 남매의 엄마로서 아이들의 학교생활과 공부 상태에 신경을 더 써야 마땅했다. 물론 나도 그게 우선이었다. 엄마와 아내로서의 기본 도리는 해야 내 마음도 편하거니와 내 공부도 당당히 할 수 있으니 말이다.

어느 밤, 그날도 컴퓨터 앞에 앉아 있는 나를 보며 아이가 물었다.

"엄마! 엄마는 이게 그렇게 재밌어?"

"응, 엄마도 네 나이 때 학교 공부는 재미가 없었거든, 근데 지금은 엄마가 하고 싶은 공부를 하니까 너무 재미있어. 공부한 걸 바로 써먹어 볼 수도 있고, 또래 아줌마들과 같이하니까 모르는 것도 물어보고 배우는 것도 많아! 혼내는 사람도, 시험도 없어서 마음도 편하고."

여전히 이해할 수 없다는 표정으로 뒤돌아서는 아이를 보며 나는 생각했다. 세상이 얼마나 신기하고 배울 것들도 가득 차 있는지 너도 곧 알게 될 거라고. 그걸 엄마가 하나씩 증명해 보이겠다고 말이다.

챌린지 중독과
부작용

> 목표 달성을 위한 꾸준한 노력은 기본,
>
> 일상의 균형 맞추기는 필수입니다.

새로운 것을 배우고 시작하기에 가장 좋은 방법으로 챌린지 만 한 게 없다. 만약 스스로 결심하고 시작하라고 한다면 그 출발이 언제가 될지 모른다. 결심하는 데 몇 주, 또 실천하는 데 몇 달, 한없이 늘어진다. 그렇게라도 시작하면 그나마 다행이다. 그러나 뒤돌아보면 뭔가 흐지부지 매듭이 없다. 마음먹고 실천한 것이 있나 싶을 정도로 기억에 남는 것이 없다. 역시 같은 목적을 가진 이들이 모여 인증으로 바로 실천하게 만드는 챌린지가 가장 효과적이었다. 정해진 시간 안에 다소 강제성을 띤 장치 속에 나를 가두는 수밖에 없었다.

운동, 경제 공부, 새벽 기상, SNS, 필사, 확언, 아침 독서 등 분야도 다양한 데다 거의 다 나에게 필요한 것들이라 선택하기가 쉽지 않았다. 한 달간 이루어지는 챌린지가 대부분이었고 그 정도면 한번 해 볼 만하다는 생각이 들었다. 초창기에는 세 가지를 동시에 신청한 적도 있었다. 제일 먼저 졸린 눈을 억지로 뜨고 '명상 글쓰기'로 아침을 시작했다.

먼저 조그만 나의 아바타를 숲속 명상센터 의자에 앉혀 놓고는 내 몸도 편안하게 명상 준비를 했다. 눈을 감고 들려오는 새소리에 귀 기울이며 리더의 설명을 따라 내 마음을 움직였다. 마지막엔 누워서 잠시 정리하는 시간이 있었는데, 눈 떠 보면 항상 챌린지가 끝나 있었다. 혼자 제대로 숙면을 한 것이다. 그렇게 연이어서 해야 하는 2개의 챌린지는 참여도 못 한 채 허겁지겁 출근 준비를 했다.

지하철 안, 사람들 틈바구니에서 그날의 과제를 확인하고 최대한 편집하여 SNS 인증을 했다. 퇴근길에도 미처 끝내지 못한 미션을 하느라 그 흔한 유튜브 영상 하나 볼 시간이 없었다. 마치 내가 내릴 목적지에 닿기 전에 끝내지 않으면 큰일이라도 날 것처럼 집중하다 허겁지겁 내린 적도 많았다. 집에 돌아와서도 아이들과 집안일을 대충 챙기고 나면 못다 한 과제를 해야 했다. 시간이 11시를 넘어 자정 가까이 되어서야 비로소 챌린지의 긴 하루가 끝났다.

하지만 처음 시작할 때 넘치던 의지도 피로도가 쌓이니 점차 약해지기 시작했다. 내가 하고 싶은 것을 습관화하기 위해 시작했는데 어느 순간 챌린지의 목적이 인증으로 바뀌어 있었다. 미션은 대충하고 단톡방과 카페에 인증하느라 급급한 나를 보며 뭐 하는 짓인가 싶었다. 주객이 전도된 것이다. 함께 응원하며 실천해 나가는 건 좋았는데 짧은 시간에 많은 것을 하고 싶었던 내 욕심이 과한 결과였다. 그렇다 보니 이로 인한 부작용이 하나둘 생겨나기 시작했다.

한참 일에 매진할 오전 시간에 나도 모르게 꾸벅꾸벅 조는 날이 많았다. 오후에 회의라도 있는 날이면 정말이지 잠과의 사투를 벌이며 허벅지를 꼬집어 잠을 이겨 내야 했다. 외근 갔다 돌아오는 차 안에서는 긴장이 풀려 졸기 일쑤였고, 동료가 무슨 말을 하는데 나는 순간 고개를 떨구다 민망해지기도 했다. 원래 잠이 많은 사람이 아닌데 스스로 제어되지 않는 날들이 이어졌다.

자정쯤 잠들고 다섯 시경에 일어나니 수면 부족과 피곤함으로 스트레스가 쌓이기 시작했다. 자고 일어나도 잔 것 같지 않았다. 처음엔 의지만으로 이겨 낼 수 있다고 생각했는데 나중에야 수면 시간이 얼마나 중요한지 알게 되었다. 수면은 고갈된 모든 것들을 채워 주고 복구시켜 주는 에너지의 원천이라 그 어떤 것보다 최우선이라는 걸 뒤늦게야 깨달았다.

그래서인지 면역력도 약해져 늘 피곤하고 툭하면 감기에 걸리는 일이 잦았다. 이런 증상은 새벽 기상과 무리한 공부를 병행하는 사람들의 공통점이었다. 그러다 차츰 사람들이 하나둘 줌(zoom)에서 사라지기 시작했다. 다들 체력이 떨어지고 면역력이 약해져 몸이 심하게 아팠다가 회복해서 돌아오곤 했다. 수면과 휴식의 중요성을 몸소 느낀 후로는 수면 시간 확보를 위해 일과 후 친구나 지인들과 어울리는 횟수가 점점 줄어들었다.

일과 후 친한 몇몇끼리 어울리기를 좋아했는데 어느 순간 그런 자리도 부담스러웠다. 예전처럼 술자리에 어울리고 싶은 마음도 사라졌다. 공식적인 회식 외에는 내 시간을 쓰고 싶지 않았다. 동료들과 가끔 즐기던 저녁 시간도 피하게 되고, 누가 만나자고 할까 봐 겁이 날 정도였다. 거의 저녁마다 특강이나 수업이 있으니 사실 집에 가서 챙겨 듣는 것만 해도 빠듯했다. 다행히 코로나 이후 회식도 많이 사라졌고, 예전처럼 2차 3차를 가는 일도 거의 없었다. 내 공부에 열중하다 보니 차츰 직장 동료들과의 관심사도 옅어지고, 그들과의 시간이 예전처럼 즐겁지 않았다. 커뮤니티 사람들과 있을 때는 공통의 관심사로 이야기가 끝날 줄 몰랐는데, 직장 동료들과 있으면 오히려 낯선 기분이 들기까지 했다.

일상에서 뜻밖의 일정은 언제나 생기기 마련이다. 특히 동료의 상갓집을 방문해야 하는 경우가 가장 난처했다. 평소 기쁜 일보다 힘든 일을 당했을 때 곁에 있어 줘야 한다고 생각했기에 이런 경우는 챌린지나 강의에 빠질 수밖에 없었다. 그러면서도 마음 한편엔 빠진 수업이나 끝내지 못한 챌린지로 속상해하는 날 보며 이건 아니다 싶었다.

우리는 하루에도 수십 번씩 선택할 일이 있고 우선순위나 중요도에 따라 결정을 한다. 그렇게 하기로 선택했으면 그 일에 마음을 다해 실행해야 하는데 그러지 못하는 내가 부끄러웠다. 제아무리 지금의 공부가 중요해도 상식적인 인간의 도리나 건강, 가족보다 우선하진 못한다. 가끔 기본 원칙을 망각하는 나를 보며, 엄마이자 아내, 동료이자 친구인 내 본분을 잊지 말자고 스스로 다짐했다.

남들이 하니까 나도 일단 신청부터 하고 보는 습관부터 고쳐야 했다. 내가 가고자 하는 방향에 이 공부가 꼭 필요한지, 이걸 함으로써 내가 포기해야 하는 것들이 혹여 더 소중한 것들은 아닌지 먼저 따져 보기로 했다. 배움에 대한 욕심과 '또 다시 뒤처질까?' 하는 조바심으로 나를 옥죄고 나니 깨닫게 되었다. 챌린지도 좋고 뭐든 좋다. 단지 분위기에 휩쓸리지 말고 내가 처한 상황을 고려하고, 진정 하고자 하는 것이 맞는지부터 생각해 봐야 한다. 그래야 오래갈 수 있다.

오전, 나만의 테마인을 만나다

핸드폰만 잘 써도

[　　　　디지털 입문, 한 번만 익히면 일상이 편리해집니다. 　　　　]

몇 년 전 어느 퇴근 무렵이었다. 옆에 있던 동료가 나에게 물었다.

"언닌, 반찬 뭐 해 먹어요? 난 요리도 못하고 해 놔도 얘들이 먹질 않으니 보통 밀키트 주문해서 많이 먹어요. 맛도 괜찮고 시간도 절약되고요. 그런데 오늘은 요리를 좀 만들어 보려는데 참 이것저것 필요한 재료가 많네요."

하면서 버튼을 연신 눌러 댔다. 채소 종류와 가격을 휙 넘겨

보고 이것저것 장바구니에 담고 결제하더니 장보기가 끝났다
고 했다.

"그런데 채소 같은 거 직접 안 보고 사도 괜찮아? 혹시 좀 상한
걸 갖다줄 수도 있잖아?"
"아니에요. 생각보다 싱싱하고 대형마트라 그런 건 따로 빼놔
서 파니까 그런 걱정은 없더라고요. 알아서 딱 갖다주니까 이제
직접 장 보러 안 가요. 시간도 없고, 집에 가면 배달되어 있으니
얼마나 편한지 몰라요."

사실 장보기는 발품 팔아 이것저것 골라 담는 재미가 있다
고 여겼다. 그렇다고 내가 대단한 요리나 음식을 자주 하는 편
은 아니다. 가끔 장 보는 것도 재미있지만 급할 땐 이렇게 앱
으로 배달시켜야 하는데, 글쎄…. 해 본 적이 없어 자신이 없
었다. 점점 시대에 뒤처지는 기분도 들면서 결국엔 손발이 고
생하겠다는 느낌을 지울 수가 없었다.
　그러다 '디지털튜터'라는 자격증 공부를 하게 되면서 달라
졌다. 일상에 자주 쓰이지만 잘 몰라서 갑갑했던 것들을 하나
둘 배우게 되었다. 업무차 출장을 갈 때도 같이 가는 동료가
늘 기차나 비행기 표를 구매해 제대로 예매할 줄 몰랐다. 버스

는 하염없이 기다렸고, 휴일 아이가 아플 때, 진료 병원을 찾아 주는 앱이 있다는 사실도 몰랐다. 그런 나에게 디지털 공부는 그야말로 혁신이자 신세계였다. 마트에 주차하고 줄 서서 계산하고 다시 집으로 들고 오는 수고와 시간을 단 몇 분 만에 해결해 주었다. 터치 몇 번으로 마술사 지니가 다녀간 것처럼 주문한 물건이 나보다 먼저 도착해 있었다.

이렇듯 편하게 핸드폰으로 일상의 유용한 것들을 가르치는 직업이 바로 '디지털튜터'였다. 주로 스마트 기기 다루기가 힘든 노인층을 대상으로 문화센터나 동주민센터 등에서 수강생들에게 버튼 하나하나까지 눌러가며 자세히 알려 주는 선생님이다.

"선생님 덕분에 이제 손주 사진을 자주 볼 수 있게 됐어요. 바탕화면에 깔았더니 핸드폰을 켤 때마다 우리 이쁜이가 나를 보고 웃고 있네요."

"엊그제 공원 산책하다 예쁜 꽃 사진을 찍었어요. 배운 대로 딸에게 보내 줬더니 엄마 이런 것도 할 줄 아냐며 멋지다고 말해 줬어요. 어찌나 기분이 좋던지, 맨날 전화나 받고 문자만 겨우 했는데, 이렇게 활용할 수 있어 너무 신기해요. 늘 궁금했는데 어디 물어볼 데도 없었거든요."

사실 나도 어르신들과 크게 다르지 않았다. 핸드폰의 가장 기본적인 기능만 사용했기에 나야말로 문화센터에서 디지털 강의를 수강해야 할 사람이었다. 누구를 가르치기보다 내가 알아야 할 것 같아서 바로 자격증 공부에 도전했다. 기본적인 핸드폰 설정부터 카톡의 유용한 팁, 맛집 저장과 메모 기능까지 왜 이런 걸 이제야 알았나 싶었다. 알고 보면 너무 편리한 그것들이 귀찮다고, 잘하지 못한다고 남에게 부탁하고 직접 몸을 움직였던 시간이었다.

특히, 제일 많이 사용하던 줌(zoom) 기능을 배워 직접 회의실을 예약하고 참가자도 초대할 수 있어 가장 보람되었다. 항상 남에게 링크만 받다가 내 이름으로 예약된 회의실을 보자 호스트가 된 뿌듯함을 맛볼 수 있었다. 괜히 아무도 없는 회의실에 혼자 들어가 화면에 꽉 찬 내 얼굴을 마주 보며 신기해했다. 이것저것 눌러 보며 배경 화면도 바꿔 보고 얼굴에 이런저런 필터를 바꿔 가며 시간 가는 줄 모르고 혼자 놀다 나오곤 했다.

디지털튜터 시험은 필기와 실기로 구성되어 있는데 문제는 강의 시연을 해야 하는 실기였다. 나도 잘 모르는 걸 남에게 가르친다는 것은 여간 어려운 일이 아니었다. 약 10분간 주어진 과제, 예를 들면 기차표 예매나 줌 사용법 등을 설명하라는 문제가 나오면 마치 앞에 수강생을 앉혀 두고 내가 가르치는 것처럼 직접 시연해야 했다. 매뉴얼에 따르면 수업 시작 전 서로의 어색함을 없애는 인사를 나누고 동기부여로 호기심을 자극한 뒤, 궁금해하는 것을 유치원 아이에게 가르치듯 천천히, 쉽게 설명해야 했다.

사실 내용 설명이야 순서를 외우고 몇 번 연습하면 되는 것이었지만 낯을 가리는 나에게 첫인사를 건네는 것이 더 고역이었다. 자연스럽고 환하게 웃으며 수강생을 맞이해야 하는데 경직된 미소와 누가 봐도 어색한 표정이 문제였다. 거울을 보고 연습하려니 더 어색해서 내 얼굴을 바라볼 수가 없었다. 함께 공부하는 사람끼리 조를 맞춰 줌으로 여러 번 만났다. 잠도 덜 깬 새벽, 부스스한 얼굴과 헝클어진 머리, 잠긴 목소리로 최대한 웃으며 시연하는 모습이 그렇게 우스울 수가 없었다.

"여러분 안녕하세요, 편리한 디지털의 세계로 여러분을 안내할, 디지털튜터 ○○○입니다. 여러분 아직도 직접 마트에서 장을 보고 무거운 짐을 들고 다니시나요? 이제 그럴 필요가 없습니다. 집에서 편리하게 휴대전화로 주문해서 문 앞에서 받아 보시는 방법을 오늘 알려 드리겠습니다."

이렇게 시험 문제를 보고, 원하는 기능을 몰라 불편했던 경험과 사용 방법을 알게 되면 얼마나 편리한지를 설명한 후, 그 기능을 버튼 하나하나까지 같이 눌러 보며 설명하는 것이었다. 처음에는 눈앞에 아무것도 보이지 않다가 차츰 화면 속 얼굴들과 눈까지 마주치기 시작했다. 말을 이어 가다 보니 어느덧 정해진 시간이 지나 시연을 마쳤다.

"아, 잘하셨는데 표정이 조금 더 밝았으면 좋겠어요."
"설명하시다가 중간에 시간을 의식해서인지 점점 말이 빨라졌고요, 끝인사를 제대로 못 하고 마쳐서 조금 어색했어요."

고작 대여섯이 모여 시연을 하는데도 어찌나 떨리던지, 입이 바짝바짝 마르고 외웠던 인사말이 생각나지 않았다. 우리 중에 어린이집 선생님이 한 분 계셨는데 어찌나 친근하고 설명도 잘하시는지, 매일 화난 민원만 상대하는 나와는 억양도 어투도 남달랐다. 그분이 인기 많은 교생선생님이라면 난 학년주임 같은 느낌이었다. 이렇게 서로의 시연을 보고 받은 피드백으로 조금씩 보완해 나갔고, 마지막 연습엔 제법 다들 그럴싸하게 해냈다.
그렇게 팀을 짜서 연습하고 공부한 덕에 우리는 디지털튜터

1, 2급 자격증을 차례대로 취득했다. 이것을 시작으로 누군가는 마트 문화센터에 강사로 현장 실습을, 또 누구는 시장 상인을 대상으로 디지털 보조강사로 일을 시작했다. 배운 것을 바로 실행에 옮긴 것이다. 새로운 시도를 할 때는 조금만 준비되어도 시작해야 한다. 일단 저지르고 모자란 부분은 그때그때 채워 나가면 된다는 걸 보여 주었다.

뭐라도 배우면 분명히 얻는 게 있었다. 디지털튜터로서 활동하지는 못했지만, 내가 목표한 성과는 달성했다고 본다. 내 시간을 좀 더 효율적으로 사용할 수 있게 되었고 강사라는 직업의 매력도 알게 되었다. '도전'이 그 자체로 의미 있는 건, 시도하면 무어라도 얻을 수 있기 때문이다. 당황한 아이에게 택시를 불러 주고, 맛집을 원하는 시간에 갈 수 있는, 소소하지만 확실한 행복은 덤인 셈이다. 실패는 성공의 예고편이라고 한다. 아무것도 하지 않으면 아무 일도 일어나지 않듯, 늦었다고 생각할 때, 진짜 늦기 전에 행동해야 한다.

아바타로 살아 보기

마음속 어린 나를 만나 보세요,
상처를 들여다보면 지금의 나를 이해하게 됩니다.

온라인 플랫폼에 올라온 프로필의 사진은 그 사람을 나타낸다. 작은 동그라미 속 사진은 누군가의 관심 분야나 자신을 가장 잘 표현하는 이미지를 담고 있다. 나의 동그란 소개 사진 속에는 예쁜 머리띠를 한, 긴 핑크 머리에 무지갯빛 짧은 치마를 입은 10대 소녀가 웃고 있다. 제페토와 이프랜드 같은 메타버스에서 나를 대신할 아바타를 만들기 위해 이것저것 누르다 완성된 모습이다. 대머리 아저씨나 콧수염을 붙인 여자 등 각자 자신의 개성을 표현한 아바타를 만들었고 우리는 그렇게 메타버스에서 신나게 놀았다.

처음엔 아이들 장난처럼 보이던 아바타였는데, 난 어느새 상점에서 이 소녀를 위한 머리띠도 사고 예쁜 옷도 고르고 있었다. 얼굴형과 머리 스타일, 눈코입 등 언제든 내가 원하는 대로 바꿀 수 있었고 가게에는 예쁜 옷과 신발 등 머리에서부터 발끝까지 꾸밀 수 있는 소품이 넘쳐 났다. 현실에선 이룰 수 없는 것들을 난 이 아바타를 통해 이루려는 듯 작정하고 꾸며 댔다. 처음으로 허리까지 머리를 길러 보고, 한 번도 입지 않은 미니스커트와 롱부츠를 신었다. 게다가 얼굴까지 완벽하니 자신감이 넘쳤다. 이 아이라면 못 할 게 없어 보였다.

가끔 메타버스에서 아바타로 놀다 보면 내가 지금 뭐 하는 짓인가 싶을 때도 있었다. 있지도 않은 가상 세계에서 그것도 인형 놀이 하듯 내 아바타를 꾸몄고 친구들과 어울려 신나게 춤도 췄다. 그러던 어느 날, 내 소개 사진이 어린 소녀로 바뀐 걸 보고 딸아이가 피식 웃으며 말했다.

"엄마, 지금 뭐 하는 거야? 얘가 엄마야? 옷 너무 촌스러운데! 요즘 누가 이렇게 옷을 입어, 멋 내지 않은 듯 자연스러운 코디가 요즘 대세라고! 나이 많은 아줌마들이 꼭 이렇게 공주처럼 꾸미더라."

순간 조금 부끄럽고 기분이 상했지만 듣고 보니 딸아이 말처럼 우리가 만든 아바타들은 하나같이 휘황찬란했다. 너나 할 것 없이 우리 어릴 적에는 이렇게 못 꾸며 봤기에 한이라도 풀 듯 다들 작정하고 꾸미고 있긴 했다. 서로 더 돋보이기를 경쟁하듯 말이다.

'그럼, 나는 왜 이런 이쁜 여자아이로 내 캐릭터를 만들었을까? 이렇게 만든 건 어떤 마음을 표현하고 싶었던 걸까?'

곰곰이 생각하던 중, 예전 어릴 적 가지고 놀던 종이 인형이 떠올랐다. 오래전 기억이라 흐릿하지만, 마분지 재질의 제법 두툼한 종이에 여자 인형과 옷, 장신구 등이 그려져 있었고 그걸 가위로 일일이 오려서 옷을 바꿔 입혀 가며 언니들과 인형놀이를 했었다. 동네 구멍가게에 가면 여러 그림의 종이 인형이 벽에 걸려 있었고 언제나 그중 제일 예쁜 공주를 골랐던 기억이 난다. 당시 조금 형편이 좋은 집에는 마루 인형이라고 부르는 예쁜 실물 인형이 있었다. 누우면 저절로 눈을 감고 앉으면 눈을 뜨는, 유난히 속눈썹이 예쁜 인형이었다. 딸이 넷이나 있는 우리 집이었지만 단 한 번도 그 인형을 가져 보지 못했다.

인형 놀이를 할 때면 항상 언니들과 인형 집 안 꾸미기가 경

오십, 내 인생의 리즈 시절을 즐기자

쟁이었다. 예전에 집마다 있던 네모난 성냥 통은 성냥개비 한 개를 꺼내 뚜껑을 열고 고정하면 근사한 피아노가 되었다. 당시 부의 상징이던 피아노만 있으면 게임은 이미 끝이었다. 언제나 그 네모난 성냥 통을 먼저 차지하려고 언니가 인형을 사러 간 사이 몰래 숨겨 두기도 했던 기억이 난다. 그러나 종이 인형이 제아무리 예뻐도 품에 안을 수 있고 눈도 깜빡이던 큼직한 마루 인형은 늘 가지고 싶었다.

어릴 적 이런 결핍에서 비롯된 걸까? 나는 내 캐릭터가 마음에 들었다. 열두 세 살 정도의 발랄하고 귀여운 나의 아바타는 나와는 달리 명랑하고 쾌활했다. 항상 웃으며 사람들과 얘기하고 마음만 먹으면 언제든 멋지게 춤도 췄다. 남의 시선 따위는 의식하지 않아서 좋았다. 메타버스에서 난 인형 놀이를 하듯 내 캐릭터에 나를 투영시켰다. 직장과 가정에 허덕이는 중년 여성이 아니라 다시 어릴 때의 나로 돌아가 새로운 나로 거듭나고 싶었다. 현실의 나는 접어 두고, 아바타로 환생한 나와 함께라면 잊었던 꿈도 찾을 수 있을 것 같았다.

난생처음
경제 공부

[
건강만큼 중요한 노후 경제,

버는 것보다 잃지 않는 것이 중요합니다.
]

퇴직까지 10년이 남았다.

'만일 100세까지 산다면 남은 40년은 뭘 하면서 돈을 벌지? 또 생활비는 한 달에 얼마나 필요할까?'

막연히 연금으로 아껴 살아야지 했지만, 이제는 아낀다고 살아지는 세상이 아니었다. 사람들이 삼삼오오 모이기만 하면 왜 그렇게 주식과 부동산 얘기를 해 댔는지 이제야 알 것 같았다.

"그 소문 들었어요? ○○과 김 과장님이 주식이 대박 나서 지난 주에 사표 쓰고 나갔대요!"

"그래요? 너무 부럽다. 근데 박 팀장은 몰래 대출까지 받아 투자 했다가 다 잃어 지금 집사람이랑 사네 못 사네 난리라는데요!"

이렇게 환호와 비명이 공존하는 투자라는 세계가, '모' 아니면 '도'인 것 같아 난 도저히 모험할 자신이 없었다. 그렇다고 안 하자니 불안하고, 제대로 하려면 공부가 필요할 것 같아 엄두가 나질 않았다. 하지만 내가 퇴직할 때쯤이면 아이들이 대학생이거나 막 사회생활을 시작할 나이라 목돈이 필요했다. 게다가 연금 개시까지는 5년의 공백이 있어 더 치명적이었다. 부모 퇴직 전 일찍 독립하는 자녀가 왜 효자, 효녀인지 이제야 알 것 같았다.

그러고 보니 놀랍게도 내 노후의 먹고사는 문제를 한 번도 계산해 본 적이 없었다. 정해진 월급에 고정 생활비와 세금을 내고 나면 항상 빠듯했기에 급여에서 자동으로 빠져나가는 일부 저축이 재테크 전부였다. 코로나 시절에는 주식이나 코인으로 엄청나게 돈을 벌었다는 사람들 이야기가 종종 들렸고, 특히 주식은 안 하는 사람만 바보라는 말이 있을 정도였는데, 내가 그 바보 중의 한 명이었다.

주식을 한 번도 사 본 적도 없으니 당연히 무엇을 어떻게 사야 할지, 언제 사고파는지 알지 못했다. 하지만 오르는 물가에 비해 더디 오르는 내 월급으로 살다 보면 노후에도 지금처럼 계속 돈 걱정을 해야 한다는 전문가의 설명에 불안감이 엄습해 왔다. 오히려 돈을 벌어도 그건 버는 게 아니라 마이너스라는 사실에, 그걸 메워 줄 또 다른 수입 창구가 필요했다. 자식들이야 알아서 살겠지만 당장 내 노후가 문제였다. 그래도 평생을 직장생활 했는데 남은 생은 내 힘으로 살아야지 부담이되긴 싫었다. 하기야 요즘 세상엔 아이들 코가 석 자라 부모를 걱정할 여력도 없긴 하다.

돈 버는 방법을 배워야 했다. 그렇다고 무작정 아무 정보도 없이 남이 좋다는 주식을 살 수도 없었다. 영어를 처음 배울 때 알파벳부터 배웠듯, 기본적인 경제 용어부터 익혀야 했다. 학교 때 정치경제라는 과목이 있었는데, 아주 기본적인 것만 잠시 훑고 지나간 기억이 난다. 그야말로 내 경제 상식은 백지 수준이었고 용어의 뜻부터 익혀야 했다. 공부해서 투자할 시간이 많은 것도 아니니 조금씩 배우면서 실천해 보기로 했다.

주변 사람의 권유로 먼저 경제신문부터 구독했다. 아침마다 문 앞에 턱 놓인 두툼한 신문을 들고 올 때마다 마음이 무거웠다. 머리 기사라도 보며 세상이 어떻게 돌아가는지 알아보자는 심정이었지만, 모르는 단어에 더 모르는 단어가 쌓이니 외계어가 따로 없었다. 그래도 여러 번 나오는 단어는 뜻도 찾아보고 조금씩 이해하려고 했다. 특히 종이 신문 구독에 있어 나에게 규칙이 하나 있었다. 반드시 출근 전에 훑어보고 신문은 바로 종이 수거함에 넣는 것이었다. 퇴근해서 봐야지 하는 순간, 읽지 못하고 지나가는 날이 생기고, 두툼한 부피는 부담감을 줄 게 뻔했다. 좀 더 보고 싶은 기사는 가위로 오려 두긴 했지만, 그 기사를 다시 챙겨 본 기억은 없다.

경제 독서클럽에 가입해 용어 기본 상식, NFT(대체 불가능한 토큰), 가상화폐 등 요즘 유행하는 것들에 대해 조금씩 배우고 익혔다.

"저 그림 파일 하나가 얼만 줄 아세요? 1억이 넘는대요!"
"아니, 저 정도 그림은 나도 그리겠네! 그냥 올리는 방법만 알면 되는 거 아니에요?"
"그러니까요, 저런 걸 그 돈을 주고 사는 사람이 있다는 게 더 신기하네요."

대체 불가에 유일무이하다는 이유로 상상도 못 할 금액으로 사고파는 시장이 있다는 게 그저 신기했다. 함께 공부하면서 블록체인과 NFT, 가상화폐가 어떤 개념인지 왜 그렇게 비싸게 거래되는지 막연하게나마 이해하게 되었다. 경제 공부를 할수록 돈 버는 다양한 방법들이 보였고 강사들은 자기에게 맞는 방법을 찾아 조금씩 소액 투자라도 꼭 해 보라고 했다. 그래야 관심을 두고 공부를 하게 된다고 말이다. 절대 남의 말에 혹해서 무작정 따라 투자하지는 말라며 신신당부했다. 생각해 보니 시장에서는 천 원이라도 더 싸게 사려고 발품을 팔면서, 정작 큰돈이 들어가는 투자는 겁도 없이 남의 말만 믿고 과감해지는 게 현실이었다.

함께 공부한 우리는 각자의 형편에 맞게 조금씩 주식도 사 보고 날짜에 맞춰 코인도 사 보았다. 투자 금액이 적으니 돈이 벌리는 느낌은 없었다. 또 매일 가격변동을 체크하고 신경 써야 하는 것도 나와 맞지 않았다. 그저 성장 가치가 있는 기업을 골라 꾸준하게 조금씩 투자하는 게 답이었다. 결국엔 어떤 기업이 그런 가치가 있는지 찾아보고 알아내는 것이 내가 해야 할 공부였고 키워야 할 안목이었다. 그래서 신문으로 경제 흐름도 알고 예측도 할 수 있게 되는 것이다.

역시나 갈 길은 멀고 경제 공부는 어려웠다. 남들은 그렇게 쉽게 돈을 버는 것처럼 보이더니 막상 공부할 것이 하나둘이 아니었다. 투자도 중요하지만 먼저 필요 없는 소비부터 줄

이기로 했다. 특히 예전에 두둑하게 들어 둔 보험부터 살펴봤다. 혜택에 혹해 중복으로 가입한 아이들 보험을 해지하고, 실비보험도 좀 더 저렴한 것으로 바꿨다. 아이들과 의논해서 습관처럼 다니던 학원도 그만두어 사교육비를 줄였다. 쓸데없는 돈이 줄줄 새고 있었는데 밑 빠진 독인 줄도 모르고 물만 채우려고 했다.

앱으로 가계부와 부채를 관리해 보니 수입과 지출이 한눈에 보였다. 특히 어떤 항목에 과소비하는지, 아낄 수 있는 항목이 눈에 보여 유용했다. 돈을 버는 것도 중요하지만 먼저 불필요한 소비를 줄이는 게 먼저라는 생각이 들었다. 물론 경제 공부도 계속해야 한다. 뉴스의 말귀를 알아듣고 흐름을 읽을 줄 알아야 투자도 할 수 있으니까. 아이들에게 경제 교육이 필수라는 걸 절실히 깨달았다. 세상이 바뀌는 줄도 모르고 예전 방식대로 아이들에게 공부만 강요하다가는 미래를 망칠 수 있다는 생각이 들었다. 지금은 물려줄 재산은 없어도 돈 버는 방법은 가르쳐야 하는 시대다.

나를 달리게 하는
엉뚱함

[가끔은 엉뚱하고 무모한 시도가 인생 변화의 계기가 됩니다.]

　내가 '엉뚱한 면'이 있다는 걸 깨닫게 된 건 불과 몇 년 전이다. 평생을 지극히 평범하다고 믿고 살았는데 오랜 시간 나를 보아 온 지인 몇몇이 내가 그런 사람이라고 말해 주었다. 이 '엉뚱함' 속에는 '무모함' 외 무조건 믿고 보는 '맹한 기질'도 포함되어 있다. 한마디로 딱 사기당하기 좋은 스타일이다. 특히, 처리할 일의 시일이 촉박하거나 궁지에 몰렸을 때는 앞뒤 재지 않고 무조건 달려드는 경향이 있었다. 남들은 급할수록 돌아가라 하지만 난 그럴수록 더 빠른 지름길을 택했다.

남다른 용기와 배짱이 있어서가 아니라 천천히 혹은 가만히 있다가 겪게 될 더 큰 불안을 감당하기 싫어서 나름대로 취한 행동이었다. 어찌 보면 새벽 기상을 시작하게 된 동기도 이런 나의 기질과 닮았다. 어느 날 나이 들고 보니 사람들 모두 뭔가를 조금씩 준비하는 것 같고, 나는 세상이 어찌 돌아가는지 모르겠고 하는 불안이 나를 몰아붙였다. 일단 남다른 삶에 대한 열정이 있는 사람들이 모여 있으니 같이 있으면 뭐라도 되지 싶었다. 생각해 보니 이런 나의 무턱대고 직진하는 성격에는 다소 엉뚱해도, 문제를 해결하려는 의지와 배려심도 녹아 있었다.

지금은 기억도 가물거리는 몇 가지 추억들이 떠오른다. 중학교 3학년, 운동회 각반 릴레이 달리기를 앞두고 우리 반 반장은 고민에 빠졌다.

"얘들아, 체육 대회라 무조건 릴레이 선수 한 명씩은 나가야 해. 달리기 못해도 되니까 제발 아무나 한 명만 나가자, 응? 제발⋯. 진짜 나갈 사람 없어?"

반 아이들은 전부 반장의 시선을 외면한 채 딴짓을 하고 있었고, 몇몇은 달리기를 잘한다고 소문난 한 명을 간절하면서도 강압적인 눈빛으로 바라보며 그 친구가 나서 주기를 바라고 있었다. 정적은 이어졌고 끝끝내 모두 침묵으로 1시간 같은 1분이 지났다.

"너희들, 진짜 아무도 없어? 선수 뽑을 때까지 학급 회의 안 끝난다. 제발 그냥 달리기만 하면 되니까 아무나 좀 나가자, 응?"

약간 울먹이며 속상해하는 반장의 목소리에 순간, 그 아무나가 '나'라도 상관없겠다는 생각이 들었다. 평소 마음 여리고 착한 반장이 힘들어하는 걸 더는 두고 볼 수가 없었다. 그런 생각을 함과 동시에 이미 내 팔은 불쑥 올라가 있었다.

"…내가 나갈게! 그냥 달리기만 하면 되지?"

순간, 마치 릴레이에서 역전승한 것보다 더 기쁜 표정으로 반장은 나를 쳐다보았고, 아이들의 환호 속에 나는 그렇게 반대표가 되었다. 몇몇 친구들의 얼굴은 '니가? 왜?' 하는 표정이었고 나 역시 그것이 궁금했다. 그제야 내가 방금 내가 무슨 짓을 했는지 사태의 심각성을 깨달았으나 이미 돌이킬 수 없는 일이었다. 나로 말할 것 같으면 어릴 때는 피구 공이 무서워 일부러 선을 밟아 아웃당했고, 세상이 뒤집혀 보이는 게 감당이 안 돼 철봉도 못 넘는 아이였다. 그렇다고 달리기를 잘하는 건 더더욱 아니었다.

그렇게 가슴 졸이던 며칠이 지나고 드디어 체육 대회 날, 나는 떨리는 가슴을 주체하지 못한 채 출발선에 섰다. 결과는 예상대로였다. 단지 잘 달리지 못했을 뿐 아니라 의지만 강했던 내 상체를 다리가 미처 따라가지 못해 넘어지기까지 했다. 너무 창피하고 반 아이들에게 미안해 체육복 무릎에 구멍이 나서 피가 나는 줄도 몰랐다. 아이들은 괜찮다며 위로했지만, 정말이지 당장 집으로 도망가고 싶었다.

또 그날 하필, 고등학생이던 언니네 학교 체육복을 입어서 사태가 더 심각했다. 분명 우리 학교 체육복이 있었는데, 평소 언니네 체육복이 예쁘다고 생각한 내가, 특별한 날이라 몰래 입고 간 게 아닐까 기억된다. 그날 밤, 언니의 눈치를 살피며 간신히 내가 한 짓을 털어놓았다. 당시 대한민국에서 둘째 가라면 서러울 정도로 까칠함의 절정을 달리던 언니에게 나는 죽지 않을 만큼의 구박과 원망을 들으며 잠이 들었다.

그러고 보니 나는 학교 체육복에 꽤 애정이 있었던 모양이다. 대학교 1학년 어느 여름, 당시 고등학생이던 남동생 학교의 체육복 상의를 입고 갔었다. 소매 끝단과 가슴팍에 수놓아진 자주색 이니셜이 예쁘고 단아해 보였다. 순간 '누가 알아보면 어쩌지?' 걱정했다가 '내 눈에 예쁘면 됐지, 뭐!' 하는 생각으로 그냥 주워 입고 나갔다. 학과 방에서 동기들과 한참 수다를 떨고 있는데 남자 동기 한 명이,

"어, 그 옷 내 고등학교 때 체육복 같은데⋯. 잠깐, 여기 소매와 가슴팍 이니셜이⋯ 맞네! 야, 너 그 체육복 어디서 났어?"
"아⋯ 남동생이 이 학교 다니는데 체육복이 예쁘고 편해 보이길래, 그냥 한번 입어 봤지!"

같이 있던 몇몇 동기들이 어이없이 웃었고, 나는 그렇게 남자 고등학교 체육복을 입고 다니는 엉뚱한 대학 동기가 되었다.

업무에서도 그랬다. 공무원 3년 차 2006년 어느 날, 급하게 시스템에 월간 통계자료를 입력해야 할 일이 있었다. 처음이라 서툴기도 했고 혹여 나로 인해 시 전체의 제출이 지연될까 하는 불안감이 엄습해 왔다. 마지막 관문이던 기관의 사업자번호나 대표자의 주민등록번호를 입력하는 칸이 보였다. 여긴 공공기관이니 사업자번호는 없다고 단순히 생각했고, 대표자인 시장님의 주민등록번호를 넣어야겠다고 판단했다. 바로 시장실로 전화를 걸었고 젊은 비서가 전화를 받았다.

"안녕하세요, 저는 ○○구 ○○○입니다. 오늘까지 시스템에 통계자료 입력하는 게 하나 있는데요, 마지막에 시장님 주민등록번호를 넣어야 해서요. 혹시 시장님 주민등록번호가 어떻게 되나요?"

잠시 몇 초의 정적이 흘렀다. 그리고 이내, 차분하지만 뭔가 억누르는 듯한 목소리로 다시 내게 물었다.

"혹시, 소속이 어떻게 된다고 하셨죠?"
"아, 네 저는 ○○구 ○○○입니다. 그런데 마감 시간이 다 되어 가는데, 시장님 주민등록번호 좀 빨리 알려 주시면 안 되나요?"
"아, 일단 전화 끊고 잠시만 기다리세요."

그렇게 그쪽에서 먼저 전화를 끊자, 나는 살짝 기분이 나빴다. 급하다고 했는데 먼저 좀 불러 주면 될 것을 왜 기다리라고 하는지 이해가 되지 않았다. 그렇게 3분 정도 흘렀을까, 시에서 통계를 취합하는 담당자분의 전화가 왔다.

"○○ 씨, 혹시 방금 시장실에 전화해서, 시장님 주민등록번호 알려 달라고 했어요?"

"네, 안 그래도 지금 이 통계 제출하려고요. 그런데 마지막에 대표자 주민등록번호를 넣으라길래 급해서 물어봤어요."

내 말에 수화기 저쪽 너머에서 아주 깊은 한숨이 흘러나왔고, 담당자는 기관의 사업자번호를 넣으면 되는데 도대체 시장실엔 왜 전화했냐며 나의 엉뚱하고 발칙한 행동을 나무랐다. 나는 그날, 관공서도 사업자번호가 있다는 걸 처음 알게 되었다.

살면서 이런 에피소드들이 꽤 있었고 나는 그때 왜 그렇게 엉뚱했는지 찬찬히 들여다보았다. 타고난 성격이 급한 것도 있고 1남 4녀 중 존재감 없는 넷째이다 보니, 뭔가 빠른 성과로 존재감을 나타내고 싶어 했던 것 같다. 그런 생각과 습관들이 몸에 배어 이것저것 따져 보기 전에 곧바로 행동으로 이어졌다. 부대끼며 자라다 보니 자연스레 남의 처지도 고려하게 됐고, 또 타고나길 마음이 여리고 동정심이 많기도 하였다.

이런 내가 세상이 변하고 있다는 걸 알게 되었으니 곧바로 실천으로 옮기는 건 당연했다. 무엇을 공부해야 하는지, 왜 하는지, 이걸 어떻게 내 삶에 적용할지에 관해 물음 따윈 애초부터 없었다. 늦었으니 그냥 얼른 따라가기나 하자는 생각에 지난 2년을 달려왔다. 무턱대고 하다 보니 좌충우돌 실수도 잦고 지치기도 했다. 그래도 이런 나의 무모한 엉뚱함과 실천이 여기까지 오게 한 원동력이기도 하다. 나는 여전히 소심하고 불안하지만, 예전의 내가 그랬던 것처럼 가끔 무모하고 정의롭게 내 인생을 다시 한번 써 내려가고 있다.

뜻이 있으니
길이 보였다

나의 공무원 생활에 꼭 이루고 싶은 꿈이 하나 있었다. 그건 바로 6급을 대상으로 하는 '글로벌 교육'에 선발되는 것이었다. 교육생이 되면 약 10개월간 교육원에서 시정 전반에 관한 내용은 물론 다양한 교양 수업과 현장 시찰의 기회가 주어졌다. 내가 6급을 달면 꼭 도전하리라 생각했지만, 막상 되고 보니 일에 치여 시험 준비를 할 수가 없었다. 그렇게 바쁘게 1년을 보낸 뒤 드디어 나의 꿈에 도전하기로 했다.

시험 과목은 영어 시험을 시작으로 주요 시정 전반에 관해

서술하는 논술 2시간과 간단한 면접으로 이뤄졌다. 아침부터 오후 4시는 넘어야 끝나는 제법 강도 높은 시험이라 가고 싶어도 시험 준비가 힘들어 포기하는 사람들이 많았다. 나 역시 막상 시작하려니 논술이 가장 걱정이었다. 그해 가장 쟁점이 되는 시정과 글로벌 경향이 각각 한 문항씩 나온다고 하는데 도대체 어디서 무엇부터 공부해야 할지 막막했다. 누군가 아침마다 게시판에 올라오는 정리된 언론 보도를 보면 도움이된다기에 조금씩 읽기 시작했다.

가을은 특히 그해의 모든 사업을 정리해야 할 바쁜 시기라 연말에 있을 시험을 준비하는 게 쉽진 않았다. 시험을 한 달여 앞둔 2021년 11월 어느 날, 유튜브를 본격적으로 보기 시작했다. 내가 알고 싶었던 이슈들이 잘 정리되어 있어 무엇보다 이해하기 쉬웠다. 트렌드 관련 영상을 계속 보니 뭔지 모르지만, 코로나로 세상이 멈춘 게 아니라 급변하고 있다는 생각이 들었다. 시험 준비에 여념이 없던 터라 일단 접어 두고 공부에 집중했다. 나름 새벽과 주말을 이용해 논술 준비를 했지만, 결과는 좋지 않았다.

'이번 시험에 ○○○이 최종 선발되었대!'

합격자 발표가 있던 크리스마스 이브, 유난히 추웠던 그날, 현장에서 막 일을 마치고 들어가는 차 안에서 누군가 문자로 알려 주었다. 순간 하늘이 노랬다. 꿈이라고 몇 번이고 속으로 되뇌었다. 무슨 배짱인지 몰라도 나는 꼭 될 거라는 기대가 컸던 터라 믿기지 않았다. 그렇게 우울한 12월 어느 날, 우연히 본 유튜브 영상이 나를 자기 계발의 세계로 안내했다. 뭔지 모를 이 변화를 공부하고 싶었다. 그간 벼락치기로 공부했지만, 지금부터 트렌드 변화를 읽어 가며 공부하면 훨씬 수월해지거라 생각했다. 그렇게 나의 2022년 새벽 기상은 시작되었고 1년간 닥치는 대로 배우고 익힌 덕에 이듬해 다시 도전한 시험에 합격할 수 있었다.

시험에 떨어진 그해의 문제 중 하나가 '메타버스'에 관해 서술하는 것이었고, 이듬해 합격한 해는 'ESG'에 대해 논하는 문제였다. 둘 다 내가 2022년에 공부를 시작하면서 배웠던 것들이었다. 당시 '메타버스'에 대해서는 들어만 본 수준이라 기술을 거의 하지 못했고, 'ESG'는 그린인플루언서 민간 자격증까지 취득하며 공부하고 저자 특강까지 들었던 분야라 자신 있었다. 시험을 염두에 둔 건 아니었지만 커뮤니티 속에서 자연스럽게 함께 학습한 내용이었다.

시험장에서 실제로 그 문제를 본 순간 얼마나 반갑던지 나의 경험을 살려 열심히 적어 나갔던 기억이 난다. 그렇게 2023년, 내가 그토록 바라던 교육생이 되어 배움의 바다에 흠뻑 빠져 살았다. 잠시 업무를 떠나 세상의 모든 지식을 조금씩 맛보는 기분이었다. 1년의 자기 계발을 통해 성취한 것이라 그 기쁨이 남달랐고 무엇을 공부해야 할지 눈에 보이니 그 시간을 누구보다 소중하게 보내고 싶었다.

신기하게도 외부 강연 대부분은 지난 1년간 내가 한 번씩 다 접해 본 분야가 많았다. 아는 내용이니 강사님의 얘기에 더 집중하게 되고 눈에 잘 들어왔다. 이미 알고 있는 배경지식을 바탕으로 질문을 통해 지식의 범위도 조금 확장할 수 있었다. 디지털 수업도 꽤 있었는데 대부분은 이미 내 핸드폰에 깔린 앱 활용법이 많았다.

"어머. 언니, 이거 어떻게 편집한 거예요? 이런 건 언제 배웠어요?"
"수업 진짜 열심히 듣는 것 같아요. 좀 쉬엄쉬엄하세요."

난 디지털에 능한 사람이 아니니, 아마 이걸 미리 공부하지 않았다면 수업 시간에 따라 한다고 얼마나 애를 썼을지 그림이 그려졌다. 교육을 받으며 문득문득 이런 생각을 했다. 이런 교육에 대해 전혀 관심도 없는 사람들도 많은데 '나는 왜 이토록 예전부터 이 교육이 오고 싶었을까?' 하고 말이다. 근무지를 잠시 떠난다는 홀가분함도 크지만 대놓고 자기 계발을 할 수 있다는 것이 가장 큰 매력이었다. 역시 난 배움에 대한 갈증과 열정이 늘 있었던 사람이었다. 그래서 그토록 간절히 원했는지 모른다. 절실함으로 시작한 공부가 글로벌 교육까지 이어져 지난해는 정말이지 내 인생의 종합선물 같은 나날이었다.

　불안함 속 간절함이 있었고 그것이 배움이라는 행동으로 이어지니 내게 길이 열렸다. 떠올려 보면 인생에 중요한 것들과 선택을 앞두고 난 늘 도전했었다. 그리고 뜻이 있는 곳에 길이 있었다. 잘못된 선택으로 실패와 후회도 했지만, 도전을 멈추지만 않는다면 언제고 그 길은 내 앞에 나타나 다시 기회를 준다. 그리고 어느새 내가 선택한 그 길 위에 서 있는 내가 보일지도 모른다.

자기 계발
최대의 적

아픈 감정을 인정하고 받아들이면,

어느새 내 편이 되어 힘이 되어 줍니다.

인생을 살면서 나를 힘들게 하는 것은 무엇일까? 여러 가지가 있지만, 주기적으로 나를 절망하게 만드는 것! 그것은 바로 남과 '비교'하는 습관이다. 특히나 자기 계발을 하다 보면 하루에도 몇 번씩 또는 꽤 자주 남과 비교할 일이 생긴다. 같은 것을 배워도 그 배움의 속도나 활용도의 차이가 느껴질 때 자연스레 상대방과 비교하게 되고 자책하게 된다.

'나는 왜 이럴까? 나는 뭐가 모자라서 이렇게밖에 못 하는 걸까?'

'와, 이런 영상은 어떻게 만들었지?'

'어머, 이 유명한 분을 직접 만났구나, 너무 좋았겠다.'

'야, 여긴 또 어디야? 이런 곳을 갈 수 있는 시간도 여유도 너무 부럽다….'

예를 들면 이런 것들이다. 같이 배우고 시작한 인스타의 팔로우 수가 내 것과는 자릿수가 다를 때, 누구나 보고 싶게 만드는 멋진 영상을 볼 때, 선망의 대상인 유명인을 만났거나, 공부가 업으로 연결되어 경제적 활동이 가능해졌을 때 등 그 이유는 차고 넘친다. 타고난 손재주로 그림이나 손글씨를 기가 막히게 적고, 각종 상품을 직접 만들어 파는 사람들까지 어쩜 다들 저리도 재주가 많은지 신기하고 부러웠다.

특히 출근길이나 기분이 우울할 때, 인스타로 휙 넘겨보는 피드에서 인친들의 이런 성장을 볼 때마다, 부러운 만큼 내 마음은 더 깊이 절망했다. 그런 날이 이어지면 아침마다 자동으로 손이 가던 인스타도 열기 힘들었다. 누군가의 당당하고 멋진 모습이 나에게 줄 상대적인 박탈감으로 하루를 시작하고 싶지 않았기 때문이다. 안 본다고 없어지는 건 아니었지만 현재의 불안과 부러움을 피하고 싶었던 나였다.

나만의 메이저를 만들다

130 •

나만 **빼고** 전부 특기 하나쯤은 다 가지고 있다는 생각이 들 때면 그나마 있던 의지도 꺾였다. 그러다 갑자기 마음이 급해져서는 '나도 저런 걸 배워야 하나?' 하는 생각에 이것저것 눌러보며 찾고 있는 나를 발견했다. 그렇게 한참 마음에 폭풍이 휘몰아치고 나서야 다시 마음을 가다듬고 평정심을 갖게 되는데, 이런 주기가 몇 번 반복되다 보면 결국은 나를 지치게 했다.

'내가 지금 새벽에 일어나 뭐 하는 짓이지? 이런다고 내 삶이 크게 달라질 것 같지도 않은데 말이야…'

이미 성공한 사람들은, 타고나길 그렇게 운명 지어진 것처럼 느껴졌다. 마치 '눈떠 보니 재벌 2세더라' 뭐, 이런 것과 비슷한 맥락이랄까? 배우면 배울수록 그 비교 대상도 범위도 참으로 다양하게 확장되어 갔다. 나보다 경제적으로 여유가 있거나, 일찍 결혼하여 아이를 기른 덕에 자유 시간이 많거나 아니면 싱글이라 신경 쓸 가족이 없는 사람들까지, 마치 나를 제외한 모두에게 부러운 이유를 하나씩 찾으려는 듯했다.

그러다 우연히 책 속의 글귀에서, 지나치는 거리에서 문득 문득 깨닫게 되었다.

'내가 또 시선을 내 마음에 두지 않고 온통 바깥에 두고, 나를 힘들게 하고 있구나.'

겉으로 보이는 게 다가 아닌데 나는 내가 보고 싶은 것만 보고 판단하며, 남이 시키지 않아도 자발적으로 절망하고 낙담하고 있었다. 출근길 늘 보는 돌 틈 사이의 민들레처럼, 강한 생명력으로 그 혹독한 환경을 견디는 이 자그마한 식물처럼, 나는 그만큼 절실했는지 노력했는지 생각해 보게 되었다.

그러다 이런 생각도 들었다. '나는 왜 나보다 처한 환경이 어려운 사람들에게만 위안받게 될까?' 아마도 상대적인 비교에서 오는 안도감 때문일 것이다. '그래도 나는 저 정도는 아니야!' 하며 상대에 대한 측은한 마음을 빌미로 내가 조금 더 낫다는 우월감을 맛봐야 치유되는 이 불안과 열등감이 부끄러웠다. 굳이 그렇게까지 상대방을 측은하게 만들지 않아도 내 마음 근력으로 나를 토닥이며 툭툭 털어 내고 일어나는 사람이 되고 싶었다.

어떤 일이든 거쳐야 하는 과정이 있게 마련이다. 나는 여전히 꽤 자주, 남들과의 비교로 순간 좌절감을 맛보지만, 그 맛이 예전처럼 쓰거나 오래가지는 않는다. 분주히 움직이다 갑자기 책상 모서리에 부딪히면 '악!' 하고 순간 고통을 느끼다 이내 잊고 다시 일에 몰두하는 것처럼, 그런 감정이 오면 순간 찌릿했다가 또 흘려보낸다. 이제는 절망하는 깊이와 시간을 조금 빨리 벗어나는 단계에 와 있음을 안다.

겨우 이 정도지만 나는 여기까지 오기 위해 많은 마음의 생채기를 견뎌야 했다. 불안과 부러움에 할퀴고 또 딱지가 생기면서 조금씩 단단해져 갔다. 비교될 때마다 내 불안의 원인을 찾아보고 내가 걸어온 길을 되짚어 본다. 나는 잘못 걸어오지 않았다. 수많은 갈래 길 속에서 내가 택한 길을 꾸준히 걸어가고 있다. 저 옆길로 갔더라면 조금 더 편하고 쉬웠겠다 싶지만, 인생이 꽃길만 있는 게 아니니 하나 마나 한 고민이다.

무엇보다 난 예쁜 꽃길만 걷고 싶지 않다. 울퉁불퉁 패이고 튀어 올라온 다양한 것들을 경험하며 걸어가고 싶다. 당장은 힘들지라도 나중엔 그 무엇이 와도 조화롭게 어울리며 견뎌내는 단단한 내가 될 것임을 알기에.

4부

멈추고, 돌아보기

나로 말할 것 같으면

[지금까지의 나를 둘러싼 틀을 깨고, 새로운 '나'를 발견해 보세요.]

나는 좋은 게 좋은, '적당함'이란 단어가 인생의 기준이자 목표였다. 돌이켜 보면 인생 자체가 무난하고 평범했다. 70년대 생이니 그 시절 여느 집처럼 형제가 많았고 분기별로 내는 학교 공납금은 툭하면 밀려서 조회 시간마다 내 이름이 불릴까 조마조마했다. 엄마는 매일 7~8개의 도시락을 싸야 했기에 반찬은 늘 볶음 멸치와 김치가 전부였고 가끔 소시지나 달걀 부침이 밥 위에 얹힌 날이면 당당하게 도시락 뚜껑을 열던 아이였다.

소심하고 조용한 성격이라 남들 눈에 띄는 것이 싫었다. 그래서 공부든 뭐든 적당히 해서 도드라지는 일이 별로 없었다. 나와 비슷한 무난한 친구가 편했다. 적당히 활발한 건 좋은데 너무 발랄하면 내가 감당할 수 없어 함께 어울리지 못했다. 공부도 적당히 하여 적당한 대학을 들어갔다. IMF가 터지기 전까지 취업은 누구나 마음만 먹으면 할 수 있는 시대였다. 단지 남보다 더 준비해 대기업이나 공기업에 입사하느냐 그냥 적당한 회사에 안주하느냐의 차이였다.

전공을 살려 조그만 회사에 취업하자 얼마 안 되어 IMF로 회사가 어려워졌고, 곧 일을 그만두었다. 이후 나를 찾겠다며 여행도 다니고 학원 일도 잠시 하다 서른 살에 지금의 공직 생활을 시작했다. 업무로 몇 번 만났던 남편의 편안함과 친절에 이끌려 결혼했고 남들처럼 아이 둘을 낳아 지금까지 잘 살고 있다. 친정 언니들은 이런 나를 두고 항상 부러운 듯 얘기한다.

"성희는 전생에 나라를 구한 것 같다! 어쩜 저런 세상에 둘도 없는 시어머니를 만나서 애 둘 잘 키워 주시고 집안일 다 해 주시고, 니는 진짜 복이 터졌다, 터졌어. 그런 거 보면 우리는 전생에 나라를 팔아먹었는갑다!" 하며 한바탕 웃곤 했다.

그렇게 평범하던 내가 코로나가 끝나 갈 무렵, 세상이 변하고 있음을 그제야 감지하고 새벽 기상을 시작했다. 함께 공부하던 또래들의 드라마 같은 다양한 인생사를 들을 때마다 내 인생이 전혀 평범하지 않았다는 것을 깨닫게 되었다. 나는 평균치 이상의 행복한 삶을 살아온 억세게 운 좋은 사람이었다.

"시집와 보니 혼자 되신 시아버지와 장성한 아가씨에 도련님까지 있었어요. 새 사람 들어왔다고 다들 손 하나 까딱하지 않았고, 집안일에, 육아에 눈뜨면 돌아오는 제사까지, 그 세월을 어찌 살았는지 모르겠어요. 이제 아이들도 다 컸고, 아버님도 몇 해 전 돌아가시고 나니, 나를 위해 살아야겠다 싶더라고요. 그러다 우연히 이런 모임을 알게 됐고요. 진짜 요즘은 사는 게 얼마나 신나고 재미있는지 몰라요."

드라마에서 보던 혹독한 시집살이 하는 맏며느리들이 주위에 차고 넘쳤다. 내가 평범하다고 여기던 것들이 누구에게는 평생 단 한 번도 가져 보지 못한 일이었고, 본인 의지와 상관없이 인생은 언제나 불특정 다수에게 역동적으로 전개되었다.

그런데도 누구보다 삶을 더 열정적이고 긍정적으로 바라보는 인생의 선후배를 보면서 나를 되돌아보게 되었다. 나름 내 인생도 우여곡절이 많았지만, 그들에 비하면 온실 속의 화초 같은 삶이었다. 여태껏 살면서 저들처럼 무언가에 저토록 열심인 적이 있었는지, 지극한 적이 있었는지 떠올려 보았다. 그들은 주어진 환경과 삶에 감사하는 마음부터 남달랐다.

"어릴 적부터 엄마를 닮아 손놀림도 빠르고 집안일도 야무지게 잘했어요. 어릴 땐 그저 잘한다는 칭찬이 좋았는데, 이렇게 평생을 열심히 살 운명일지 그때는 몰랐어요. 집안일은 온통 내 차지였고, 도망치듯 결혼한 시댁에서도 마찬가지였어요. 장남인 남편은 시어머니 눈치가 보여 도와주고 싶어도 그러질 못했어요. 야근으로 늦게 돌아온 날에도 어김없이 아이들 빨래며, 집 청소는 제 몫이었지요. 그래도 이 악물고 견디며 내 공부의 끈을 놓지 않았어요. 덕분에 석사 학위도 받고 직장에서도 인정받고요. 주말엔 일손 거들러 시골 가야 해서 공부는 주로 새벽에 해요. 이동 중일 때 동영상 강의 듣고, 틈틈이 독서도 하고요. 책을 여기저기 두고 되는대로 읽는 편이에요. 이렇게라도 나를 위한 시간을 낼 수 있어 얼마나 즐겁고 감사한지 몰라요. 인생이 '요즘만 같아라' 하면서 산다니까요!"

드라마에서나 보던 고된 일상과 시집살이를 견디는 사람들을 어렵지 않게 주위에서 만났다. 그런 열정과 지극함이 배움에서도 배어 나왔다. 그보다 더한 일도 극복하고 살았기에 가능한 일이었다. 작은 것에도 기뻐하고 감사하며 감탄할 줄 알았다. 그들은 매일 반복되는 평범한 것들의 소중함을 누구보다도 잘 알고 있었다.

지극히 적당하고 평범한 삶을 살아왔던 '나'라고 여겼는데 이제는 생각이 달라졌다. 적당함 뒤에 숨어 스스로 한계 긋고, 그 안에 안주할 핑계를 대며 살아온 건 아닌지 되돌아보았다, 늘 내가 생각하는 적당량 외에 조금 더 기준을 높여 본다면 내 삶이 어떻게 바뀔지 궁금했다. 책임감에 따른 부담감을 느끼고 받아들이며, 두려워하는 나를 인정해 주기로 했다. 그렇게 내 마음을 알아주고 인정해 주니 조금 용기가 생겼다.

단톡방을 개설하여 회의를 열어 보고, 잠깐이나마 글쓰기 모임도 이끌어 보았다. 근처 독립서점에서 일일 책방지기를 하며, 도움이 필요해 보이는 손님에게 다가가 얘기도 나누었다. 막연히 꿈꾸던 책방 주인을 체험해 보니, 우아한 가운데 물 아래 바삐 움직이는 백조의 두 다리가 생각났다. 조용한 음악과 가지런히 놓여 있는 서가에서 책을 골라 보는 일이 나는 더 좋은 사람임을 깨달았다. 막연히 두렵고 동경했던 일들이 마음만 먹으니 그리 어렵지 않았다.

하려고 하면 기회는 많았지만, 나는 선택을 하지 않고 살았

을 뿐이었다. 철벽처럼 드리웠던 책임감과 부담감을 당연한
것으로 받아들이니 두려움도 엷어졌다. 나를 둘러싸고 있던
보호막이 하나둘씩 금이 가고 그 안에 갇혀 있던 '적당한 나'가
힘차게 뚫고 나오는 법을 이제는 알 것 같다. 지금의 세상에서
빠져나오려면 하나의 세계를 파괴하지 않으면 안 된다는 말처
럼 말이다.

나서지 않아도
드러내야 알지

> 존재감 있는 사람이 되고 싶다면,
> 그만큼의 책임감과 배려하는 마음이 필요합니다.

　가수 이효리가 말했다. 조용히 살고 싶지만 잊히는 건 싫다고. 나도 그랬다. 눈에 띄는 건 싫지만 존재감이 없는 건 더 싫었다. 남들이 나를 주목하고 거기에 부응하듯 뭔가 책임져야 할 일이 생기는 것 자체가 내겐 큰 부담으로 다가왔다. 그래서 이 둘 사이 어느 하나에도 치우치지 않기 위해 나름 조율하며 균형을 맞추려 애쓰고 살았다.

　커뮤니티 내 소모임이나 공부 모임도 꾸준히 참석하며 사람들과 친분을 쌓아 갔다. 어느 집단이나 나 같은 부류의 사람이

대다수를 차지하며, 이들은 리더가 이끄는 대로 잘 따라가며 협조하는 편이다. 국가로 치면 보통의 서민들인 셈이다. 그런 와중에 나는 평균치보다는 조금 더 높은 성장 욕구가 있었고, 그런 성장을 위해서 내가 반드시 넘어야 할 한계가 있었는데, 그걸 극복하는 게 쉽지 않았다.

처음 커뮤니티에 들어오고 모르는 사람들과 독서 모임을 꾸리려 줌에서 만났다. 누군가 먼저 입을 열었다.

"우리 중에 리더를 뽑아야 해요. 리더는 줌 회의를 열고 매주 독서 모임을 이끌어야 합니다. 물론 인센티브도 있어요. 우리 모두 초보이니 부담 갖지 마시고, 용기 내어 이끌어 주실 분 계신가요?"

"…"

'아, 내가 해 볼까? 아니야 난 줌 회의도 열 줄 모르는 데다 독서 모임을 해 본 적도 없어. 게다가 카톡방도 자주 들여다보고 챙겨야 할 텐데 난 일 때문에 힘들어. 잘하지도 못하면서 나섰다가 괜히 얼굴만 거슬리고. 처음이니 그냥 지켜보기로 하자.'

"…"

몇 번의 어색한 기운이 흐른 뒤, 제일 연장자로 보이는 한

분이 조심스레 입을 열었다.

"제가 한번 해 볼게요. 난 진짜 아무것도 할 줄 몰라요. 평생 주부로 살면서 컴퓨터 안 한 지도 오래됐고 타자도 느려요. 카톡도 잘하지 못하고요. 여러분들이 도와주신다면 제가 한번 해 볼게요."

총대를 메 준 그분에게 우린 박수를 보냈고, 용기 있는 그분 앞에 나 자신이 더 부끄러웠다.

항상 내 마음 상태보다 남의 시선을 먼저 의식하며 판단하는 나였다.

'이렇게 말하면 나를 이상하게 보겠지?'
'이런 상황에선 뭔가 그럴듯하게 대처해야 하는데 그렇지 못하면 우습게 보일지도 몰라!'
'가만히 있으면 2등이라도 되는데 괜히 나섰다가 나의 바닥이 드러나면 어쩌지?'

이렇듯 남의 시선을 먼저 신경 쓰다 보니 행동 하나하나, 내뱉는 말 한마디가 조심스러웠다. 나는 이런 내가 지극히 상식적이라고 생각했다. 남을 의식하는 것만큼 남을 평가하는 내 잣대도 명확했다. 내 기준과 조금 다른 행동이나 말을 하는 사람들을 볼 때면 마음이 불편했다.

"저 이번 생일에 남편이 사 준 가방이에요. 예쁘죠? 너무 갖고 싶어서 살짝 흘리긴 했는데 진짜 선물받을 줄 몰랐거든요!"
"우리 아이 이번에 ○○상 탔어요. 축하해 주세요~!"

이런 글을 볼 때면, 나는 저렇게 대놓고 자랑하지 못하는데 얼마나 용기 있으면 저렇게 단톡방에 올릴 수 있을까 하는 부러움이 있었다. 그리고 상황이 그렇지 못한 사람들을 위한 배려가 부족한 그들이 철없어 보였다. 어떤 사유로 배우자가 없거나 자식이 지독하게 말을 안 들어 마음고생하는 누군가 본다면 또 얼마나 자신의 운명을 비관하며 마음이 아플까 하는 생각을 했다. '그럴 수도 있지!'라는 너그러운 이해보다 내 기준에 빗대어 생겨난 오차들로 그냥 넘어갈 수가 없었다.

'저 사람은 왜 저렇게 나서는 거야? 잘난 구석이라곤 없어 보이는데 도대체 저런 자신감은 어디서 나오는 거지?'
'아! 저렇게 나대는 건 정말 싫어. 교양도 없어 보이고 사람이 겸

손한 구석이 있어야지!'

 이렇게 나는 다른 사람들을 항상 평가하고 있었다. 겉으론 다 이해한다는 듯 온화한 미소를 지으면서 말이다. 물론 그 중엔 정말로 분위기 파악을 못 하는 사람도 있었지만 그중 일부는 남의 시선보다는 자기 내면에 더 집중하며 스스로 한계를 뛰어넘는 사람들도 있었다. 처음엔 그저 나서기 좋아하는 가벼운 사람으로 여기다 차츰 그의 진심과 순수함을 발견하기도 했다. 어쩌면 군중 속에서 비겁하게 가면을 쓰고 남이나 평가하는 나보다 훨씬 대단하고 멋져 보였다.

 나와 그들의 공통점이 있다면 배움에 대한 의지가 강한 것이고 다른 점은 기꺼이 책임감과 부담감을 안고 시도해 보느냐 하지 않느냐의 차이였다. 실패에 대한 걱정과 타인의 평가는 사실 나중 일이다. 내가 극복해야 할 것이 바로 내 마음가짐과 의지가 중요하다는 것을 아는 것이었다. 실패하지 않기 위해서는 잘해야 했고 잘하기 위해서는 충분한 준비가 필요하다고 생각했다. 그래서 항상 난, '아직 준비가 덜 됐어, 좀 더 익히고 다듬어야 해.' 하며 자기합리화로 책임감을 져야 하는 일로부터 자꾸 멀어지고 싶었는지도 모른다.

 젊은 시절 다치지 않으려 안간힘만 쓰다 끝내 배우지 못한 자전거와 인라인스케이트에서 내 모습이 보였다. 다치기 싫어서, 배우기를 포기한 채 그냥 운동신경이 둔해 그렇다며 핑계 대던 내 모습 말이다. 언제까지 준비만 할 수는 없다. 완벽한 때란 없고 그저 해 나가면서 보완해 가야 한다고 여러 누군가 얘기했다. 이제는 때가 온 것 같다. 생각보다 사람들은 남에게 관심이 없다는 걸 아는 이상, 책임감을 느끼며 도전하는 삶을 살아 봐야겠다. 남 눈치 보며 등 떠밀리는 삶 말고, 당당하게 내 이름을 밝히고 존재감 있는 한 명의 구성원으로서 말이다.

칭찬은 나를
주눅 들게 한다?

타인의 평가에 휘둘리기보다는

나의 가치를 스스로 인정해 보세요.

나에게는 고쳐지지 않는 버릇이 하나 있다. 누군가가 나를 칭찬하면 어쩔 줄 몰라 한다. 나에 대해 칭찬하면 그냥 기쁘게 웃으며 고마워하면 될 것을, 굳이 아니라고 손사래를 친다. 게다가 밝히지 않아도 될 사실까지 까발리며 상대가 오해했음을, 내가 칭찬받을 일이 아니라고 친절하게 알려 주기까지 한다. 예를 들면 이런 경우다.

"와! 그 옷 너무 잘 어울리는데요."

"아, 그래요? 당근에서 만 원 주고 샀어요!"

"애들이 너무 사랑스러워요!"

"아, 그런가요? 그런데 연년생이라 그런지 서로 얼마나 티격태격하는지 몰라요."

상대로부터 칭찬을 들으면 '당신에게 그런 얘기를 들으니 기분 좋고 감사해'라는 표정으로, 말로 자연스럽게 나타내면 된다. 마치 뜻하지 않은 고백을 받은 것처럼, 설레고 기분 좋은 수줍음을 얼굴에 가득 담아 환하게 웃으며 기쁨을 만끽하면 되는데 나는 늘 그게 어렵다.

'나는 왜 이런 것들이 자연스럽지 못할까?' 순간 나에게 집중될 관심과 시선이 부담스러웠던 것 같다. 남들보다 튀고 싶지 않았고, 눈에 띄고 싶지 않았다. 혹여나 다른 나의 부족함이 드러날까 하는 두려움이 깔려 있었는지도 모르겠다. '저 사람은 이것만 괜찮지, 다른 건 영 별로야.'라는 말을 들을까 늘 걱정과 염려가 나를 부자연스럽게 만들었다.

어릴 적 통지표에는 항상 '책임감이 강하고 성실함'이라는 말이 적혀 있었다. 그 시절 특별히 별난 구석이 없는 아이들은 다 듣고 자랐던 착실하고 성실한 아이, 나도 그중 한 명이었다. 그런 습성으로 나는 커뮤니티 내에서도 꽤 꾸준하게 활동했다. 가끔 사람들은 매일같이 인증하고 모임도 빠지지 않고 출석하는 나의 '부지런함'을 칭찬했지만, 오히려 나로서는 그 정도도 하지 않는 사람들이 성실해 보이지 않았다.

예전부터 딱히 뭘 배우고 싶거나 특별히 잘하는 게 없던 나였다. 그래서 그걸 찾기 위해 어느 하나라도 꾸준하게 해 보고 싶어 나름으로 열심히 참여했고 인증하며 배워 나갔다. 누군가 이런 나를 보며 꾸준하다고 칭찬하면, 그것 말고는 아무것도 잘하는 게 없다는 말처럼 들리기도 했다. 그냥 인사치레로 하는 말처럼 말이다. 이런 연유로 성실함에 대한 칭찬은 나를 감흥 시키지도 춤추게 하지도 못했다.

주목받기 싫어서 나의 치적을 대놓고 자랑하지도 못했다. 그러면서 내심 '난 역시 겸손한 사람이야'라고 생각하며 용기 내지 못한 나를 정당화하곤 했다. 하지만 이제 내가 어떤 종류의 사람인지, 진정 원하는 것은 무엇인지 어렴풋이 알 것 같다. 눈에 띄고 싶지 않았던 것이 아니라 칭찬받을 때의 그 낯설고 어색한 과정을 두려워하고 있었다. 그 누구보다 칭찬받길 원하고 주목받아 봤으면 좋겠다는 마음도 있다는 걸 알게 되었다. 남을 의식한다는 건 그만큼 타인의 시선이 신경 쓰인다는 말이고 결국은 그들로부터 인정을 받고 싶어 하는 욕구

또한 크다는 얘기였다.

하지만 이제는 '나 스스로 내가 이런 사람'이라는 걸 만천하에 공개해야 한다. 온라인에는 자기를 드러내기 위해 오늘도 자극적인 제목과 영상으로 전쟁이다. 그들이라고 처음부터 남들 앞에 나서서 얼굴을 공개하고 말하기가 쉬웠을까? 자신만이 아는 그 한계점을 넘은 사람들만이 자신을 제대로 표현할 수 있다. 대중은 성공한 사람들의 빛나는 결과보다 그 과정에 담긴 이야기에 더 공감하고 감동한다. '나도 저렇게 될 수 있겠다'라는 희망에 차길 원한다.

이렇게 내 이야기가 사람들에게 희망과 공감을 받으려면 무엇보다 '진정성'이 바탕 되어야 한다. 진정성이란 있는 그대로 나를 인정하고 받아들이는 것에서부터 출발한다. 못나고 모난 구석도, 둥글둥글 예쁜 모습도 모두 나의 일부분이다. 더는 자신에게 인색하게 굴지 말고 당당히 기뻐하고 즐기는 사람이 되기로 했다. 마치 텅 빈 객석에 홀로 서 있는 배우처럼, 그저 나에게 집중하며 나아가기로. 사람들은 놀라울 만큼 타인의 삶에 관심이 없으므로.

꼰대 말고,
좀 멋진 라떼 선배!

[MZ와의 소통, 같은 관심사만 있다면 어렵지 않습니다.   ]

　나는 꽤 보수적인 사람이다. 아닌 척해도 속으로는 늘 '라떼는 말이야' 하고 내뱉고 싶은 걸 참는다. 내 생각이 옳다고 후배에게 강요하진 않기에 꼰대는 아니라고 스스로 자부하지만 이건 어디까지나 내 생각이다. 2020년 첫 팀장이 되고 중간 관리자가 되었을 때 나를 바라보는 청아한 눈빛의 젊은 MZ들과 어떻게 지내야 할지 막막했다. 나도 팀장이 처음인 데다 항상 또래들과의 근무가 익숙했었는데 갑자기 띠동갑 이상 차이 나는 어린 직원들과 함께하니 여간 눈치가 보이는 게 아니었다.

　확실히 20여 년 전 내가 신규일 때와는 많이 달랐다. 팀원들은 일의 경험치가 부족해서 그렇지 누구보다 이해도 빠르고 디지털에 능숙해서 일을 효율적으로 처리했다. 분명 일의 처리 속도는 빨라졌는데 온라인의 다양한 경로로 접수되는 민원은 줄어들 줄 몰랐다. 본연의 업무 외에도 매일 해내야만 하는 일들이 차고 넘쳤다. 낮에는 현장에서 저녁에는 야근으로 쌓여 있는 서류들에 치이는 직원들을 보니 예전 내 모습을 보는 듯했다.

집과 직장을 무한 반복 오가며 점점 시들어 가는 팀원들이 안쓰러웠다. 현장 일이 많아 출장을 나갈 때마다 차 안에서 많은 얘기를 나눴다.

"○○ 씨는 주말에 주로 뭘 하면서 보내?"

"전 주로 토요일 오전은 실컷 자다가 오후엔 친구들 만나요. 그리고 일요일엔 절대로 약속을 잡지 않아요. 종일 잠만 자려고요. 그래야 또 일주일을 살아 낼 에너지를 얻거든요."

"팀장님은 주말에 뭐 하세요?"

"응, 난 몇 해 전부터 일명 '갓생살기'를 하고 있어. 나이가 점점 드니 이렇게 살다가는 안 되겠다 싶더라고. 책도 읽고 이것저것 배우는데, 정말 할 게 얼마나 많은지 몰라!"

이렇게 이동하는 차 안에서 우리는 서로의 관심 분야와 취미 생활, 재테크 등 앞으로 어떻게 살고 싶은지에 대한 인생이야기를 나누곤 했다. 한 20여 년 인생을 먼저 산 선배로서 그간의 직장생활 에피소드와 실수담, 결혼에 대한 내 생각을 들려주며 깔깔대고 웃었고, 그렇게 서로에 대한 믿음과 신뢰를 쌓아 갔다. 비슷한 나이의 조카가 있는 터라 막 사회생활을 시작하는 새내기들의 이모가 된 심정으로 품어 주며 가르쳐 주고 싶었다.

그중 한 두어 명은 나의 '갓생살기'에 관심을 보이며 이것저것 물어보았다. 사십 중반 이후 심리적으로 조금 여유가 생겼고 우연한 기회에 하게 된 자기 계발이 얼마나 인생을 풍요롭게 만들고 있는지 들려주었다.

"한 2년 전만 해도 집에 가면 티브이 보고 집안일 하다 자기 바빴거든. 그러다 월요일 되면 또 출근할 생각에 우울해지고. 그런데 새벽 기상을 하고 책을 읽다 보니 시야가 확장되는 느낌이야. 뭔가 마음도 충만해지고 말이지. 이 좋은 걸 왜 이제야 알았나 싶어. 이제 막 사회생활 하는 ○○ 씨 같은 젊은이들이 시작하면 내 나이가 됐을 때, 얼마나 지혜롭고 충만한 삶을 살 수 있을까 하고 부럽기도 해."

이야기하면서도 파릇한 그들의 미래가 얼마나 빛날지 상상만 해도 벅차고 부러워 들려주지 않을 수 없었다. 무엇보다 세상이 급변하는 이때, 판이 어떻게 바뀌고 있는지 알아야 한다고 말해 주고 싶었다.

"혹시 SNS 해?"
"네, 인스타 하는데 그냥 친구들하고만 소통하는 정도로만 써요."
"사실 나도 시작한 지 얼마 안 됐거든. SNS가 그저 자랑한다고 시간만 버리는 뭐 그런 거로 생각했는데 그게 아니었어. 배울 만한 다양한 정보가 넘쳐 나고 요즘 사람들이 어떤 것에 관심 있는지 흐름도 알 수 있지. 게다가 관심사별로 팔로우하다 보면 친구보다 좋은 인연도 만날 수 있고 말이야. 무엇보다 직장과 집, 일과 휴식밖에 모르던 삶에서 다양한 삶의 방식들이 존재한다는 걸 알 수 있어. 특히 우리 직장이 조금 경직된 분위기라 우물 안 개구리가 되기 쉽잖아? 바깥세상은 어떻게 바뀌고 있는지, 요즘 트렌드와 사람들의 요구는 뭔지 먼저 파악해서 업무에 적용해 볼 수도 있고 말이야. 그런 게 흔히 말하는 혁신인 것 같아."

세상이 바뀌고 있음을 알리는 신호들에 항상 촉을 세워 민감하게 반응하고, 공부해야 한다고 일러 주었다. 그러면서도 이제 막 사회생활을 시작한 초년생들에게 얼마나 가닿을지 의문이었다. 매일 감내해야 하는 업무가 버거워, 집에 오면 그야말로 녹초가 된다는 사실은 누구보다 잘 알고 있었다. 아무것도 하기 싫고 그저 침대에서 휴대전화나 보며 잠들고 또 뒷날 무거운 몸을 이끌고 출근하는 것이 반복된다는 걸 경험에서 알고 있었다.

내가 그랬듯 사람의 사고와 행동에 변화가 있으려면 그 목적에 대해 절실함이 우선되어야 한다. 나는 키오스크 앞에서 좌절했고, 사람들이 쓰는 SNS 용어를 몰라 대화에서 소외되는 경험을 통해 절실함을 넘어 위기감을 맛봤다. 그제야 내 몸과 마음이 움직인 걸 보면 이제 막 취업이라는 인생의 큰 관문을 넘은 MZ들에게 내 말의 진정성이 닿기는 힘들 거라 생각됐다. 게다가 연애와 결혼이라는 더 큰 관문이 남아 있으니 말이다.

그래도 몇몇은 가끔 내게 귀띔해 주었다.

"팀장님, 저 추천해 주신 책 읽고 있어요. 내용이 정말 좋던데요. 경제 소식지도 구독하기 시작했어요. 정말 내가 아는 게 하나도 없었구나 싶더라고요. 막연히 이런 공부가 필요하다고 생각은 했었는데 이렇게 하나씩 배우면서 할 수 있어 너무 좋아요. 소비도 좀 줄이면서 재테크도 해 보려고요. 그때 팀장님이 왜 그렇게 말씀하셨는지 이제 조금씩 이해가 될 것 같아요, 감사합니다!"

MZ들이 훨씬 디지털 기기에 능숙한 건 사실이다. 하지만 그렇다고 세상의 변화를 읽어 내는 능력이 기성세대보다 빠르다고는 생각지 않는다. 이것은 나이의 문제가 아니라 공부하고 안 하고의 경험치 차이다. 하지만 변화를 잘 읽어 낼 줄 아는 MZ들은 확실히 앞서 나갈 것이다. 나는 이제 더는 '공무원들이 그렇지, 뭐.' 하는 사람들의 비아냥을 듣고 싶지 않다. 특히 우리 후배들은 더욱 그랬으면 좋겠다. 항상 눈과 귀가 열려 있어 먼저 반응하고 변화를 받아들이는 게 자연스러워졌으면 좋겠다. 누구보다 세상의 변화를 잘 이해하고 미래를 준비할 줄 아는 우리를 증명해 보이고 싶다. 당돌하고 당당한 MZ 후배들과 함께!

격하게
외로워지고 싶다

[중년의 필수 조건, 혼자만의 시간을 즐길 수 있어야 합니다.]

내가 제일 좋아하는 시간은 '혼자 있는 시간'이다. 결혼 전에는 주말에 혼자 지내는 것이 견디기 힘들었다. 서른이 훌쩍 넘은 나이에 아무 계획도 없이 무료하게 보내다 보니 희뿌연 미래가 우울해 더 피하고 싶었다. 주말이면 일단 무조건 밖으로 나가 돌아다니거나 기어이 친구를 불러내 수다라도 떨어야 마음이 놓였다. 그래도 집으로 돌아오는 길은 항상 허무하고 쓸쓸했던 기억이 난다.

그랬던 내가 결혼 후 연년생을 낳아 기르면서 '외로움' 같은 건 생각할 시간도 느낄 여유도 없었다. 그저 한번 누리고 싶은 사치에 불과했다. 아이들이 어렸을 때 늘 바랐던 작은 소망 하나가, 주말에 나 혼자 집에서 지내보는 것이었다. 결혼 전 여느 주말처럼 허리가 뻐근할 정도로 누워 있다가 출출해지면 어슬렁거리며 주방으로 나와 늦은 아침을 먹고, 소파에 널브러져 티브이를 보며 웃던 그 시절이 너무도 그리웠다.

가끔 평일 휴가를 내면 아이들을 유치원에 보낸 뒤, 혼자 한산한 마트며 새로 생긴 가게를 돌아다니느라 일하는 날보다 더 바빴다. 직장 여성의 로망 중 하나인 오전에 백화점 가 보기, 예쁜 카페에서 브런치 먹어 보기가 그렇게 해 보고 싶었다. 아이들이 돌아오는 서너 시에는 집에 돌아가야 하니, 마치 자정이 되면 현실로 돌아가는 신데렐라처럼 혼자만의 파티가 그렇게 달콤하고 즐거울 수가 없었다.

그렇게 코로나 전 나의 휴식은 평소 혼자 해 보고 싶었던 일들을 도장 깨기 하듯 미션을 수행하며 보내는 것이었다. 그러다 자기 계발을 시작하면서 해 보고 싶은 것들이 늘어날수록 할 수 있는 시간이 부족하다는 사실이 늘 속상했다. 독서도 그렇고 배운 무언가를 실습하려 해도 이른 새벽이나 늦은 저녁이 아니면 불가능했다. 낮에 간간이 올라오는 다른 사람들의 미션 인증이나, 조용한 카페에서 혼자만의 시간을 보내고 있다는 이들을 볼 때마다 혼자만의 시간이 더욱 간절했다.

가끔 주말에 잦은 비상근무로 인해 얻는 대체 휴무는 그야말로 꿀맛이었다. 쉬고 싶은 평일의 하루를 무슨 공부를 하며 보낼지 생각만 해도 설렜다. 예전 같으면 조조 영화를 검색하거나 여유롭게 마트에서 장이나 볼 계획을 세웠지만, 이제는 달랐다. 주말에 있을 독서클럽의 책도 읽어야 하고 기한이 끝나가는 동영상 강의도 몰아서 듣고, 이전에 배웠던 스마트폰 기능도 한 번씩 실습해 봐야 했기에 하루가 모자랄 지경이었다.

아이들이 등교한 후 집안일은 최대한 빠르게 마무리하고 거실 탁자에 앉아 노트북을 켰다. 밀린 메시지를 읽고 스토리를 올린 뒤 인친들에게 간단히 인사하고 그날의 공부 미션을 시작했다. 먼저 나만의 공부 환경을 설정하며 서서히 공부할 분위기를 끌어 올렸다. 텀블러에 내려 둔 커피를 따라 마실 작은 잔을 준비하고, 나만의 별 다방 음악도 은은하게 깔아 완벽한 혼자만의 공간을 만들면 모든 것이 완벽했다.

굳이 공부하지 않아도 좋았다. 그저 이렇게 혼자인 것 자체로 행복했다. 베란다에서 스며든 햇살이 온 집안을 환하게 비추고, 널어 둔 빨래 위에도 살포시 내려앉아 내가 공부하는 동안 까슬하게 말려 줄 생각을 하니 그저 고맙고 평온했다. 오랜만에 느끼는 자유와 여유 속에서 책을 펼쳐 들면 완전히 몰입하게 되었다. 시간에 쫓겨 읽는 책이나 공부는 하고 나서도 기억이 오래가지 않지만, 스며들 듯 여유롭게 익히면 그 여운이 오래갔다. 공부한 내용뿐 아니라 그날의 행복했던 감정도 같이 새겨져 내 삶이 더욱 풍요로워지는 것 같았다.

그렇게 오전 시간을 보내고 혼자서 끓여 먹는 라면은 또 얼마나 맛있던지! 아이들이 혼자 동영상을 보며 식사할 때 히죽히죽 웃는 걸 보고 뭐가 그리 좋을까 싶었는데 내가 그러고 있었다. 보고 싶었던 영상을 찾아보며 세상에서 제일 맛있는 라면을 먹는데 행복하지 않을 수 없었다. 그렇게 배불리 먹고 나면 거실 안쪽까지 비추던 해가 조금씩 짧아져 베란다 끝을 향해 가고 있었다.

귀한 시간이라 그런지 시간은 더 빨리 지나갔다. 고개를 들어 시계를 볼 때마다 한 시간씩 흘러가 있는 걸 보고는 이건 분명 누군가 일부러 시계를 빨리 흘러가게 조작해 놓은 것 같다는 억지스러운 생각까지 했다. 가끔 쉬는 날, 이렇게 조금 빠듯하게 내가 하고 싶던 일들을 하고 나면 그렇게 뿌듯할 수가 없다. 내가 만족스러우니 귀가한 식구들에게도 상냥한 말과 행동을 하게 되었다. 혼자 충분히 즐겼으니 이제 아이들과의 시간이 기다려지는 것처럼 말이다.

예전엔 외로움을 잊기 위한 혼자만의 시간이 자극적이고 즉흥적이었다면, 이제는 하고 싶은 것으로 가득한 설레는 시간이 되었다. 나는 요즘도 꽤 자주, 격하게 외로워지고 싶다.

정 많은 급발진 여사를
동정하기

독서클럽을 함께하는 지인이 나에게 자주 하는 말이 있다.
'반전 있는 여자!' 보통 겉모습과 실제 성격이 다를 때 하는 말
이다. 사실 나는 이런 말을 꽤 자주 들었다. 누군가를 사귀게
되고 개인적 친분이 쌓이면 그제야 다들 내 첫인상에 대한 자
신들의 속마음을 털어놓았다.

"얼굴만 볼 땐 진짜 얌전하고 새침해 보여 말 걸기가 어려웠어
요. 그런데 말하는 걸 들어 보면 전혀 안 그래요. 성격도 급하고
거의 상남자처럼 털털하고요. 농담도 잘해서 첫인상과는 완전

히 다른데요."

 사실 나는 사람들이 내게 느끼는 첫인상만큼이나 새침한 사람이었다. 내가 먼저 모르는 사람에게 말을 거는 일은 거의 없었고, 누군가 말을 건네면 마지못해 대답하곤 했다. 마음속으론 나에게 관심을 둔 상대가 고마워도 그 감사한 마음을 잘 표현할 줄 몰랐다. 그러다 한두 번 대화할 기회가 생기면 그제야 나는 빗장이 풀려 농담도 하고 이런저런 이야기를 편하게 나눌 수 있었다.

 부끄러움이 많은 건 타고난 기질로, 나이가 들수록 조금은 옅어지는 것 같다. 성격이 급하고 정이 많은 건 친정아버지를 쏙 빼닮았다. 아버지의 성격만 보면 대쪽 같아 보이지만 그 마음은 얼마나 여린지 남에게 싫은 소리를 못 해 자주 엄마의 잔소리를 듣곤 했었다.

 "너희 아버지는 집에 갖다줄 돈은 없어도 남 빌려줄 돈은 있는 사람이다." 나는 어릴 적 엄마의 이런 한 맺힌 소리를 자주 듣곤 했다. 우리 다섯 형제는 대체로 엄마의 차분함보다 아버지의 급한 성격을 많이 닮았다는 걸, 명절날 우리 집 사위들의 농담 속에서 알았다.

"김씨 집 여자들은 운전대만 잡으면 장인어른의 모습이 딱 보여요. 앞에서 머뭇거리는 차가 있으면 반드시 앞질러야 하고, 제 신호에 가지 못하면 얼마나 성질을 내는지…!"

이건 내 이야기이기도 했고 언니들의 이야기이기도 했다. 남편과 형부들은 서로 자기 집사람들이 더 급하다며 대놓고 흉을 봤고, 우리는 그 정도는 아니라며 누가 제일 성질이 급하고 아버지를 닮았는지 에피소드를 얘기하며 옥신각신했다. 그러다 누군가 한 명을 가장 성격이 급하고 아버지를 쏙 빼닮았다고 몰아서는 깔깔대고 웃었다.

평소 나는 이렇게 상반되는 듯한 나의 성격이 마음에 들지 않았다. 성질은 급한데 남에게 싫은 소리를 못 하니 내 마음이 편치 않은 일이 많았다. 특히 직장 일이 그랬다.

"어머, 벌써 회의 준비하고 있는 거예요? 나중에 해도 되는데…."
"아… 네, 시간이 다 되어 가니 미리 자리를 좀 정돈해야 할 것 같아서요. 테이블도 옮기고 노트북 시연도 해 봐야 하고요."

이렇듯 나의 급한 시간과 동료의 여유로운 시간은 체감하는 속도부터 달랐다. 늘 차분하게 상황을 판단하고, 공과 사를 구별할 줄 아는 사람들이 다소 냉정하게 보일지라도 닮고 싶었다. 제아무리 그런 사람을 흉내 내려 해도 마음이 급해 끝까지 기다릴 수 없었고 동정심이 생겨 냉혹하게 거절하기 힘들었다.

하지만 자기 계발을 하면서 다소 이런 성격이 그리 나쁘게만 작용하진 않았다. 나의 조바심은 배움에 대한 동기부여와 호기심으로 이어졌고, 사람들에 대한 애정은 함께 성장하며 누군가에게 도움을 주고 싶다는 마음이 들게 했다. 관심 분야가 생기면 나에게 어떤 도움이 될지 빨리 판단 후 배움의 여부와 속도를 조절했고, 유익한 내용은 주위 사람들에게 알려 줘 생활의 편리함을 함께 나누고 싶었다.

사오십 대 자기 계발을 하는 사람들은 그 어떤 나이 때보다 절실하고 열심이다. 그렇다 보니 그 속도를 따라가기가 여간 쉽지 않은 게 현실이다. 특히 종일 직장에서 보내야 하는 나 같은 사람은 항상 시간이 부족했고, 배우고자 하는 의욕에 비해 현실적인 제약이 많았다. 급한 성격을 뒷받침해 주지 못하는 현실의 어려움이 쌓일수록 그것들을 표출할 방법이 필요했다. 운동을 하든 친구를 만나 수다를 떨든, 무언가 밖으로 쏟아 낼 수 있는 배출구가 절실했다.

답답한 마음에 이것저것 시도해 보았으나 나를 담아내어 표현할 수 있는 방법을 찾기는 힘들었다. 그러다 커뮤니티 사람들과 우연한 기회에 '10분 글쓰기'를 했는데, 일기처럼 쓰는 몇 자라도 나를 들여다보며 적어 보니 마음이 가라앉는 듯했다. 급한 성격과 글쓰기는 서로 만날 수가 없는 평행선 같지만 쓰기만큼 그 마음을 빠르게 알아주고 치유해 주는 것도 없었다.

특히나 사람들 간에 발생하는 복잡미묘한 감정들을 글로 적어 봄으로써 그들이 이해되기 시작했다. 어쩌면 이런 나의 기질이 쓰기와 잘 맞을지도 모른다는 생각이 들었다. 나랑 전혀 맞지 않을 것 같던 글쓰기가 의외로 재미있어지는 걸 보며 세상은 전혀 예상하지 못한 기적을 선물하며 또 한 걸음 나를 내딛게 했다.

내가 가지고 싶은
재능 2가지

[중년의 배짱으로 들이대면, 묵은 숙제도 해결됩니다.]

　평소 나는 이번 생애에는 내가 갖지 못할 재능이 두 가지가 있다고 생각했다. 그 첫 번째가 바로 노래 실력이다. 나는 늘 노래 잘하는 사람들이 그렇게 부러웠다. 가끔 티브이 속 가수가 열창하는 모습을 보면 마치 내가 무대에 선 희열을 느꼈다. 온갖 감정을 내 표정에 담아내어 차마 내지를 수 없는 고음을 립싱크로 대신했다. 만약 신이 나에게 단 하나의 재능을 선택할 수 있게 한다면, 난 단연코 빼어난 '노래 실력'을 고를 것이다. '고음 불가' 말고 '노래 천재'가 된다면 평생이 즐거울 것 같았다.

몇 년 전 퇴직을 앞둔 직장 상사 한 분이 일주일에 한 번씩 발성 훈련을 받는다고 했다. 연말이면 모임에서 노래할 일이 많은데, 한 곡만 제대로 배워 그때마다 멋들어지게 부르는 게 목표라고 했다. 나도 저런 수업이나 한번 받아 볼까 고민하던 차, 아들 녀석이 드럼을 배우고 싶다기에 동네 드럼학원을 같이 방문했다. 나이가 환갑을 바라보는 원장님은 보컬도 같이 가르친다며 대뜸 나에게 이렇게 제안하셨다.

"어머니, 요즘 코로나로 수강생도 없는데 이렇게 방문해 주셔서 감사합니다. 제가 특별히 어머니 노래 한 곡은 완벽하게 부를 수 있게 도와드릴게요. 오늘 이렇게 오신 김에 바로 한번 시작해 보죠. 평소 좋아하는 노래가 뭡니까?"

아들 드럼 수업에 대한 상담이 채 끝나지도 않았는데 이미 내 노래 지도에 관한 이야기로 화제가 바뀌었다.

"네? 저요? 지금요? 아… 괜찮습니다."
"어머니, 실제 노래 한 곡 지도받는 게 비싼데 특별히 해 드리는 거예요. 멋지게 부를 수 있는 애창곡 하나만 있으면 연말 모임이 두렵지 않아요. 평생 간다니까요. 자, 한번 해 봅시다. 애창곡이 뭡니까?"

난 당황해서 아들을 쳐다봤고, 소파에 앉아 주객이 바뀐 것에 당황한 아들은 '엄마, 진짜 부를 건 아니지?' 하는 얼굴로 나를 올려다보았다. 하지만 난 이미 머릿속으로 내 애창곡을 찾느라 머리를 한창 굴리고 있었다. 노래방 기기를 켜고 마이크를 건네주는 원장님의 정성을 봐서라도 뭔가 하긴 해야 할 것 같았다. 그때 갑자기 노래 하나가 머리에 떠올랐다.

"뜨거운 감자의 '고백'이요."

원장님은 바로 반주 음악을 틀어 주셨고 마이크를 건네받고선 나는 마치 오디션을 보러 온 늦깎이 가수 지망생이 된 듯했다.

반주 음악은 소박하게 선율 정도만 흘러나왔고, 마이크는 에코가 전혀 없어, 그냥 나의 생목소리만 방 안에 울려 퍼졌다. 순간 당황했지만 멈출 수 없었다. 너무도 진지하게 듣고 있는 원장님을 보며 얼른 1절이 끝나기만 기다리며 열심히 불렀다. 곧이어 내가 걱정하던 클라이맥스가 나왔고 난 급기야 비굴한 소리를 내고 말았다. 내가 마이크를 잡을 때부터 어쩔 줄 몰라 하던 아들은 노래하는 내내 입을 틀어막고 있더니 급기야 '풋' 하고 터져서는 방을 뛰쳐나갔다. 간주에서 멈추려고 하니, 끝까지 해 보자는 원장님의 말씀에 이를 악물고 끝까지 불렀다. 그렇게 나는 그 노래를 두 번이나 연속으로 불러야 했고, 바쁘다는 핑계를 대며 의욕에 넘치던 원장님을 겨우 진정시켜 도망치듯 그곳을 빠져나왔다.

이후 아들은 몇 번이나 나에게 얘기하곤 했다.

"엄마, 원장님이 엄마 언제 오시냐고, 와서 빨리 배우라고 물어보시는데?"
"엄마 일하러 다녀서 엄청 바쁘다고, 매일 집에도 늦게 온다고 말씀드려. 아마 엄마 못 갈 것 같다고."

가끔 학원 앞을 지날 때마다 그때 몇 번만 갔더라면 득음할 수도 있지 않았을까 하는 생각을 한다. 인생의 소중한 기회를 놓쳐 버렸는지도 모르지만, 학생보다 더 의욕 넘치는 선생님은 여전히 부담스럽다.

내가 평생 범접하지 못할 두 번째 재능은 바로 '글쓰기'다. 영화 시나리오나 소설책을 볼 때면 어떻게 이런 인물 설정과 사건 전개를 구성했는지 너무도 대단하게 느껴졌다. 호기심을 자극하는 빠른 전개와 감동과 여운을 주는 마무리까지! 작가들은 천재라는 생각밖에 들지 않았다. 지금도 그 생각은 변함이 없다. 그런 내가 지금 글을 쓰고 있는 것 자체가 어쩌면 기적일지도 모른다.

살아오면서 책을 많이 읽진 않았지만, 항상 내 삶 언저리엔 책이 있었다. 휴일이면 도서관에 가서 신간 구경을 했고 그 공간이 주는 편안함과 안락함이 좋았다. 불안했던 20대의 내 미래도 도서관에 가면 희망이 보이는 듯 위로가 되었다. 생각해 보니 그 시절에도 자기 계발 도서를 주로 읽었는데, 더 나은 내가 되고 싶은 욕구는 그때도 마찬가지였나 보다. 책을 읽을수록 저자들은 처음부터 작가로 태어났기에 그 사명으로 글을 쓰고 '작가'로 불린다고 생각했다.

나에게 쓰기란 가끔 쓰는 일기장이 전부였다. 중·고등학교 때 쓰던 열쇠 달린 일기장과 대학생이 된 후 하드보드지의 묵직한 일기장에 내 감정을 쏟아붓는 게 고작이었다. 그나마 가끔 쓰던 일기도 결혼 후엔 멈춰 이삿짐을 쌀 때마다 고이 모셔둔 상자에서 발견하곤 했다. 이리저리 들춰 보면 글이 감정을 따라가지 못했다. 당시의 복잡한 마음들은 떠오르는데 고작 내가 쓴 단어라곤, '슬펐다, 우울했다'로 모든 감정이 귀결되었다.

어쩌면 나는 내 마음을 표현하고 싶어서 글을 쓰기 시작했는지도 모른다. 가끔 갑갑하고 복잡한 마음이 들 때면 노래방에 가서 마음껏 노래를 부르곤 했었다. 남 눈치 볼 것 없이 내 마음을 표현하는 곳이 그 방법뿐이었다. 사연 있는 여자로 보는 노래방 사장님의 표정만 잠시 견디면 방에 들어서는 순간부터 자유였다. 하지만 이젠 부르고 싶은 노래도 딱히 없거니와 그런 일시적인 방법 말고 내면을 깊이 들여다보고 싶다는 생각이 들었다. 책을 읽어도 그때뿐이었고 마음속 허한 마음은 가시질 않았다.

　머릿속으로만 맴돌던 온갖 감정과 떠오르는 생각을 표현하고 해소하는 방법은 쓰기밖에 없다는 것을 쓰면서 알게 되었다. 일기든 뭐든 다시 써 보자는 생각이 들었고 나를 표현해 보고 싶었다. 챌린지로 처음 시작한 명상 글쓰기로 나를 들여다보는 연습을 했다. 오십 가까이 살면서 내가 나를 이렇게 관찰한 적이 있었는지 되돌아보게 되었다. 밖으로 향해 있던 시선을 내 안으로 돌리니 조금씩 내가 보이기 시작했고 채워지지 않던 허한 마음이 쓰면서 조금씩 메워지는 듯했다. 돌고 돌아 결국엔 내 안식처를 찾은 듯한 평온함을 느끼며, 어쩌면 앞으로 평생 나와 함께할, 귀한 동반자일지도 모른다는 생각이 들었다.

우리는
모두 여행자다!

[　　　중년은 내 인생에 찾아온 손님들을 다시 돌아볼 때입니다. 　　　]

　　일상이 힘들 때마다 내가 생각하는 말이 있다. '나는 지구별 여행자다!' 이 지구라는 별에 잠시 머물다 갈 사람이다. 평생 살 것처럼, 이 고통이 끝나지 않을 것처럼 우울해지지 말자고 말이다. 그러니 여기 머무는 동안 이곳저곳 구경 다니며 내가 보는 모든 풍경과 만나는 사람을 귀하고 반갑게 여기자고 다짐했다. 예전 20대 해외여행의 체류 시간이 길어지자 여행자로서의 설렘은 잊고 현지인처럼 힘들어하는 나를 보며 든 생각이었다.

삶을 여행자 시선으로 바꾸면 내가 바라보는 모든 것들이 그저 감사하게 느껴진다. 내가 이곳에 머물 시간이 길지 않고, 언제 떠날지 모르니 매사에 감사하고 소중한 것이다. 어느 순간부터 자기 계발이 루틴이 되면서 해내야 할 일처럼 느껴졌다. 들이는 시간과 노력 대비 성과도 보이지 않는 이 일이 끝나지 않는 숙제처럼 보여 때론 나를 지치게 했다. 하지만 나는 여행자로서 잠시 이곳에 머물며 현지인의 삶과 문화를 배우고 경험해 본다고 생각하니 한결 마음이 가벼웠다.

매일 아침 일어나 아침 루틴을 하고 출근하고 퇴근하는 일이 무한 반복되는 것 같지만 사실 같은 날은 단 하루도 없다. 그날의 날씨, 내 몸과 마음 상태, 만나는 사람과 발생하는 일, 내가 예상하고 뜻한 바대로 흘러가지 않는다. 여행자의 삶과 같은 것이다. 내가 만나는 모든 것에 유효기간이 있다고 생각하니 무엇 하나 소홀하게 하지 말자는 생각이 들었다. 그러자 내 주변의 것들이 달리 보이기 시작했다.

우선 내가 가고 싶은 곳에 마음만 먹으면 언제든 갈 수 있는 건강한 내 몸과 여건에 감사했다. 휴일에는 쉴 수 있고, 카페에서 책 한 권에 커피 한 잔을 느긋하게 즐길 수 있다는 게 감사했다. 근처 강변을 산책하며 날아오르는 새를 보고, 운동하러 나온 아이부터 어르신까지 다양한 지구별 사람과 동물을 만나고 관찰하다 보면 정말 내가 여행자가 된 기분이었다.

이런 마음으로 가족들을 바라보면 내가 아이들과 남편을 그동안 어떻게 대했는지 돌이켜 보고 반성하게 한다. 언젠가 티브이에 유명한 정신과 의사가 나와서 이런 말을 했다.

"자식은 내 인생에 찾아온 귀한 손님이에요. 생각보다 우리 곁에 오래 머물지 않으니 정성을 다해서 대접하세요. 내 인생에서 떠나갈 때, 편히 잘 쉬다 간다고 느낄 수 있도록 말이지요."

이 말을 듣는데 순간 멍해졌다. 내가 그동안 내 인생에 찾아와 준 귀한 손님을 어떻게 대했는지 하나둘 스쳐 지나갔다. 잠시 이곳에 머물다 갈 여행자인 나를 찾아와 준, 내 인생의 선물 같은 손님임을 잊고 살았다. 이 지구의 수많은 여행자 중에서도 보잘것없는 나를, 굳이 나를 찾아와 준 것이다. 매일 본다고, 나를 조금 힘들고 귀찮게 한다고 쏟아 낸 모진 말과 행동에 얼마나 아팠을까? 훗날 내 품에서 떠날 때까지 그 상처가 아물기는 할까? 부디 나를 떠나 다른 여행지에서도 건강하게 잘 지낼 수 있도록, 행복한 추억을 많이 만들어 줘야겠다는 생각이 들었다.

남편도 마찬가지다. 내 여행이 힘들고 외롭지 않도록 함께 손잡아 주고 걸어갈 동반자이다. 어쩌면 그 누구보다 내 인생에 장기 투숙하는 여행자로 거의 모든 여정을 함께 할 소중한 손님인데, 당연한 듯 소중함을 잊고 살았다. 내가 위험에 처할 때, 힘들 때 가장 먼저 생각나고 손잡아 줄 고마운 사람이다. 이렇듯 여행하는 내가 되어 보니 어느 하나 소중하지 않은 것이 없다. 모든 것에 끝이 있는데 영원할 것처럼 살아왔던 내가 보였다.

내가 새벽 기상을 하고 책을 읽는 이유는 이 여행이 좀 더 풍성하고 행복했으면 하는 바람에서다. 아는 만큼 보이고 느껴지는 법이니 나는 이 여행이 그랬으면 좋겠다. 낯선 곳에서 처음 배우는 공부들이니 뜻이 같은 친구들과 함께하고 싶은 것이다. 어느 기획자분의 말처럼 내 인생의 좌표는 내가 찍을 수 있다. 처음 출발은 내가 원치 않았던 곳일지라도 내가 원하는 방향으로 옮겨 가며 살 수 있다. 다만, 어디로 가든 내가 어디쯤 있는지 늘 감각하고 깨어 있는 삶을 사는 것이 중요하다.

맛집을 도장 깨기 하듯 이 별에서, 많은 것을 경험하고 싶다. 어디든 갈 수 있고 무엇이든 할 수 있는 건강한 여행자임을 항상 잊지 않으며, 가족과 주위 사람들, 내 눈에 보이는 모든 것들과 여행의 기쁨을 공유하고 싶다. 오늘은 어디서 누구를 만날지 하는 기대로 하루를 맞이하고 싶다. 내가 선택한 배움과 성찰의 시간이 또 다른 길로 안내할 거라는 설렘으로, 매일 여행 같은 하루를 살아가고 싶다.

5부

다시, 설레다

나도
쓸 수 있다는 생각

[
중년의 꿈은 해 오던 것들 속에서
나를 행복하게 하는 일을 찾는 일입니다.
]

나는 자신의 꿈을 향해 매일 행복한 하루를 보내는 사람이 늘 부러웠다. 그래서 자기 계발을 시작했고 참 이것저것 많이도 배웠다. 당시에는 이때 하지 않으면 큰일이 날 것 같고 나만 뒤처진다는 불안감에, 앞뒤 재지 않고 그냥 직진했었다. 이제 와 보니 그렇게 한 사람이나 하지 않은 사람이나 별반 다를 건 없다. 하지만 그런 시간이 있었기에 지금 이런 생각도 할 수 있지 않나 싶다.

그런 와중에 몇몇은 자신의 재능을 발견하여 계속 성장해 나가는 사람들도 있었다. SNS에서 소식을 접할 때마다 그렇게 부러울 수가 없었다. 내가 좋아하는 일을 하면서 하루를 살 수 있다면 떠오르는 태양이 반갑고, 월요일이 기다려지는 삶이 될 것도 같았다. 어릴 때부터 싫어하는 과목은 있어도 좋아하는 과목이 없었던 나는 이렇게 어른이 된 후에도 딱히 하고 싶은 일이 없는 것이 늘 문제였다. 밥벌이로서의 직업이 내게 가장 행복한 일이 되면 얼마나 좋겠냐마는 내게 그런 행운까진 없었다. 내게 고마운 직장이긴 했지만 설렘을 주진 않았다.

그런 내가 새벽 기상을 하고 제일 먼저 시작한 챌린지가 '명상 글쓰기'였다. 배우고 싶은 여러 분야가 있었지만, 왠지 명상과 합쳐진 글쓰기를 하다 보면 내가 좋아하는 무언가를 발견할 수 있을 것 같았다. 새벽 시간에 이프렌드(가상현실을 구현하는 온라인 플랫폼)에서 만나 약 15분간 명상을 시작하며 하루를 열었다. 잔잔한 음악과 함께 리더가 이끄는 설명을 들으며 나를 들여다보게 되었다. 새벽 시간에 하는 요가는 그 기운부터가 달랐다.

"어둑한 새벽, 나는 숲속 어딘가 누워 있습니다. 사방은 고요한데 들리는 건 새소리와 바람 소리뿐입니다. 지금 내가 어디에 있는지 계속 주시하세요. 당신은 누구인가요? 당신은 어떤 나무인가요?"

나를 온전히 그 장소로 데려다 놓고 관찰하고 녹아들게 했다. 명상을 통한 동기부여가 끝나면 그날 정해진 주제에 따라 우리는 한 편의 글을 쓰고 인증했다. 매일 1,000자 남짓한 글을 써야 했는데 그렇게 힘들고 어색할 수가 없었다. 주제도 나를 들여다보고 쓰는 것이 대부분이다 보니 나를 관찰하는 것 자체가 힘이 들었다. 그렇게 꾸역꾸역 정해진 날짜를 채우고 나자 우리가 쓴 글에 책 표지까지 만들어 PDF 파일로 나눠 주었다.

"여러분, 2주간 고생하셨어요. 명상이 처음이신 분들은 조금 힘드셨을 수도 있어요. 하지만 명상을 통해 자신을 돌아보는 색다른 경험이, 여러분의 삶에 조금이나마 도움이 되었으면 해요. 제출하신 글은 각자 표지를 넣어 PDF 파일로 만들었는데요, 여러분의 글을 이렇게 읽어 보시면 또 색다른 느낌일 거예요."

책 제목과 표지에 내 이름까지 넣은 글을 한데 모아 읽는데 기분이 묘했다. 업무 보고서에 작성자가 내 이름으로 들어가는 것과는 다른 느낌이었다. 보고서에 내 이름 석 자는 이 내용에 대한 책임을 지겠다는 무게로 느껴지지만, 이 전자파일 겉표지의 이름은 나도 몰랐던 내면의 '나' 같았다. 속에 품고 있었으나 한 번도 바깥으로 나와 본 적 없던, 불린 적이 없는 또 다른 나를 깨운 느낌이었다. 이름을 불러 주었을 때 나에게로 와서 꽃이 되었다는 시구처럼, 이름을 불러 주니 진짜 나에게로 와 주었다. 문득 종이책에 박힌 내 이름을 본다면 얼마나 황홀할까 하는 생각을 그때 처음 하게 되었다.

그렇게 글쓰기의 매력을 느끼게 된 나는 명상 글쓰기를 한 차례 더하고, 쓰기에 관한 온라인 강의도 들었다. 글쓰기를 하면서 어쩌면 이것이 내가 찾던, 하고 싶은 일일지도 모른다는 생각이 들었다. 머리를 쥐어짜 내어 한 줄 한 줄 쓰기가 쉽진 않았지만, 왠지 그런 행간의 고통이 그렇게 싫지만은 않았다. 마치 조금만 더 고민하면 풀릴 것 같은 수학 문제처럼, 계속되는 그런 사유가 적절한 단어로 표현되면 잔잔한 희열을 느꼈고 그런 작업이 나를 행복하게 했다.

'아, 글쓰기가 이런 거구나. 쓰는 사람들은 대부분 타고난 사람들이고 무에서 유를 창조하기에 천재라고 생각했는데, 그들도 이런 과정을 거쳤겠구나!'

앞에서도 말했듯 내가 절대 갖지 못할 능력 중 하나가 바로 글쓰기였다. 어쩌면 역설적으로 그만큼 갖고 싶다는 욕망이기도 했다. 감히 범접할 수 없기에 부러워만 하다가 우연한 기회에 접해 보고 용기를 갖게 된 것이다. 잘 쓰고 싶다는 생각보다 내면의 생각을 끄집어 올려 적당한 단어의 짜임으로 꼭 내 마음 같은 문장을 써 보고 싶다는 바람이 생겨났다.

이제는 누구나 작가가 될 수 있는 시대라고 말한다. 꼭 책을 내는 작가가 아니어도 인생에 누구나 한 번은 쓰기라는 경험을 통해 자신의 이야기를 내뱉을 기회를 얻었으면 좋겠다. 일기밖에 써 본 적 없고, 독후감 쓰기가 가장 싫었던 내가, 스스로 쓰기를 한번 해 보겠다고 생각한 것 자체가 내겐 설레는 도전이었고 기분 좋은 상상이었다.

처음 글을 쓰면서 만나게 되는 내가 참 낯설지만 반가웠다. 어릴 적 기억들도 새록새록 떠올라 추억이 소환될 때마다 나는 웃다가 울다가 또 그립고 애잔해졌다. 글은 잘 쓰고 못 쓰고의 문제가 아니었다. 쓰기 전부터 이런 걱정에 시작을 꺼리게 되는데, 막상 뭐든지 쓰고 보니 글에 대한 진정성이 가장 중요하다는 걸 알게 되었다. 그래야 쓰면서 그 시절의 멈춰진 나를 만나 치유도 하고 읽는 이로 하여금 공감도 줄 수 있다는 걸 말이다.

쓰기란 멈추는 시간이다. 늦었다고 앞만 보고 가려던 나를 멈추게 하고 되돌아보게 했다. 그러면서 혹시 내가 찾던 게, 좋아하는 게 쓰기는 아닌지 살포시 물어봐 주었다. 처음에는 피식 웃었다가 계속 쓰면서 어쩌면 그럴지도 모른다는 생각이 들었다. 꿈을 향해 거침없이 달리던 어린 시절의 나는 없었지만, 중년의 나는 글쓰기로 조금씩 희망과 설렘에 스며들고 있다. 중년의 꿈은 어느 날 갑자기 '딱' 하고 생기는 것이 아니라 내가 조금씩 해 오던 것들 속에서 나를 행복하게 만드는 일을 찾는 것인지도 모르겠다.

글쓰기의 열매,
합평회

[
글쓰기, 나만의 사소한 이야기로 시작해서

서로의 공감과 격려로 지속됩니다.
]

꾸준히 글을 쓰게 하는 것에는 인증만 한 것이 없다. 블로그에 인증을 하라기에 겨우 글쓰기 버튼을 찾아 들어가 글을 올렸다. 블로그에 글을 써 보니 노트에 쓰던 일기를 웹페이지에 문서로 작성하는 느낌이었다. 가장 큰 차이점이 내 글을 다른 사람이 볼 수도 있다는 것이었다. 누군가가 나를 이웃으로 추가하고 내 글에 댓글을 남기자 예전 신인 가수가 팬레터를 받는 기분이 이랬을까 하는 상상을 했다.

커뮤니티에서 하는 '10분 글쓰기'를 시작으로 '100일 글쓰기'

를 몇 차례 완주하자 매일 쓰는 것이 그리 어렵진 않았다. 다만 야근이나 예상치 못한 일로 퇴근이 늦을 때, 단지 인증을 위한 글쓰기를 해야 한다는 사실이 나를 힘들게 했다. 아무런 재미도 감흥도 없는 글을 늦은 밤에 애써 쓰는 것이 맞나 싶다가도 완주에 대한 욕심은 또 나를 꾸역꾸역 쓰게 했다.

꾸밈없는 진솔한 말이 마음에 와닿듯이 카페나 블로그에 올라와 있는 글을 보니 자신의 경험담만큼 감동을 주는 이야기는 없어 보였다. 무엇보다 글쓴이 자신의 이야기라 문장이 매끄럽고 그때의 감정이 고스란히 전해지는 듯하여 더 공감되었다. 우리는 글쓰기가 어느 정도 진행되면 합평회를 했는데, 이런 단어가 있다는 것도 그때 처음 알게 되었다. 줌에서 각자 자신이 쓴 글을 한 편씩 낭독하고 이에 대한 피드백을 받는 순으로 진행되었다. 나이도 비슷하고 자라 온 환경이나 자기 계발을 시작하게 된 동기들이 다들 비슷하여 마치 내 얘기인 양 낭독하는 글 속에 빠져들었다.

"어릴 때 집이 참 어려웠어요. 그래도 부모님은 우리 4남매를 최선을 다해 길러 주셨어요. 혹여 기죽을까 항상 말씀마다 '우리 딸 잘한다', '이쁘다'를 연발하셨지요. 원하는 건 못 사 줘도 아버지는 당신이 주실 수 있는 모든 사랑을 주신 것 같아요. 그런 아버지를 지난달 요양원으로 모셨어요. 괜찮다고 하시는데, 돌아서면서 어찌나 눈물이 나던지…."

사람들 앞에서 나의 글을 읽는다는 건, 어릴 적 국어 시간에 교과서를 읽는 것과는 또 다른 느낌이었다. 내 마음을 담은 일기 같은 글을, 나만 알고 싶은 개인사를 밝히기가 쉽진 않았지만 그런데도 떨리는 목소리로 한 명씩 읽어 나갔다. 다들 어디서 그런 용기가 나오는지, 함께 글을 쓴 사람들과는 무슨 말을 해도 비밀을 지켜 줄 것 같은 무언의 믿음 같은 것이 생겨났다. 어릴 적 마음의 상처, 자라면서 느꼈던 외로움, 부모님에 대한 그리움 등 누구나 한 번쯤은 겪어 봤을 이야기에 눈시울이 마를 새가 없었고, 온라인 모임인 것이 그저 다행스럽게 느껴졌다.

"둘째인 나는 언제나 언니와 동생들 틈에 끼여 존재감이 없었어요. 언니는 얼굴도 예쁘고 첫째라 항상 주목받았고 동생들은 어리다고 늘 보살핌이 특별했지요. 자라면서 나대로 뭔가 열심히 해도 주목받지 못했어요. 항상 커튼이 하나 쳐진 것처럼 드러나지도 인정받지도 못했어요. 결혼하고 살면서 나이 들면 괜찮겠지, 싶었는데 그게 아니더라고요. 친정 부모님을 볼 때마다 한 번씩 불쑥 올라오는데 그 감정이 뭔지 쓰면서 알게 됐어요. 인정받지 못하고 충분히 사랑받지 못했다는 서러운 어린 내가 아직도 울고 있더라고요. 아직도 사랑받고 싶어서…."

합평회만 하면 왜 그리 다들 눈물 나는 사연들만 읽게 되는지 궁금했었다. 나 역시도 그런 글을 쓰고 읽으면서 그 이유를 알게 되었다. 글을 쓴다는 건 내 마음을 들여다보는 일인데, 글 주제마다 치유되지 못한 마음속 깊은 얘기를 하게 되는 것이었다. 오랜 세월 묵혀 두고 눌러 두었던 감정을 그제야 건드리게 되니 곪았던 상처가 쓰는 과정에서 한 번, 낭독을 통해 또 한 번 위로받게 되는 것이었다.

예전 내가 합평회에서 낭독한 글 중에, '글을 쓴다는 건 하고 싶은 얘기가 목구멍까지 찼다는 것이다.'라고 말한 적이 있었다. 어쩌면 다들 나처럼 뱉어 내어야 할 말이 꽉 차서 더는 담고 있지 못할 지경에 이르렀는지도 모른다. 최대치로 억눌렸던 감정들이 조심스럽게 하나둘 뿜어져 나오니 그제야 서운한 감정들이 북받쳐 올라왔는지도 모른다. 그래서 다들 쓰기가 마음의 상처도 치유한다고 했나 보다.

"내 글을 여러 명 앞에서 낭독하는 일은 떨리면서도 뭔가 해소

되는 느낌도 있어요."

"맞아요. 읽는 동안 내 글을 객관적으로 보게 되는 점도 있는 것 같고요, 쓰면서 한 번, 읽으면서 또 한 번 고통스럽던 기억이 조금씩 옅어지는 것 같기도 하고요."

"이 글을 처음엔 어떻게 쓸까 고민했는데, 막상 쓰니 깊숙이 있던 묵은 감정들이 하나둘 떠오르며 계속 쓰게 했어요. 써야만 알 수 있겠다는 생각이 들었어요."

합평회를 통해 다른 이들의 글을 함께 듣고 얘기 나누다 보면 내 마음속 응어리들이 한 번씩 어루만져지는 느낌이다. 완전히 가시지는 못해도 눈길도 받지 못하던 감정들이 따스한 손길로 쓰다듬어지는 듯한 따스함을 느끼게 된다. 나만 상처받고 힘들었다고 생각했던 일들이 우리 모두의 공통된 감정임을 알게 되고 각자의 경험담을 통한 조언을 하나둘 건네받으면 상처는 이내 딱지가 앉아 있었다.

특히 내 목소리로 읽어 가는 것도 좋지만 누군가가 내 글을 천천히 낭독해 주는 것을 듣고 있노라면, 그 시절의 나를 관찰할 수 있어 자신을 치유하는 힘이 더 커지는 듯했다. 게다가 각자의 글이 타인에게 어떻게 비치는지, 조심스러운 비평도 가능한 공식적인 자리이기도 했다.

"이런 본인의 감정을 그 당시에 나눴던 대화체로 쓰면 독자에게 더 와닿을 것 같아요!"

"어쩜 어릴 때 나눴던 할머니와의 대화를 이렇게 자세하게 묘사해 주셨어요? 들으면서 저도 할머니 생각이 났어요. 나도 그랬는데 하고 말이죠. 나중에 진짜 할머니가 되고 나면 나도 우리 손주들에게 그런 할머니가 되어야지 했어요."

합평회는 그저 서로가 쓴 글을 읽고 피드백을 받는 것뿐 아니라 글을 쓴다면 누구나 마땅히 누릴 수 있는 열매, 보너스 같은 기회다. 타인의 글을 통해 세상에 대한 포용력이 한층 넓고 깊어져 예전과는 다른 시선으로 나를 되돌아볼 수 있게 한다. 합평은 시작도 끝도 없는 글쓰기에 온갖 감정을 맛보는 즐거운 소풍날이다.

맥짱과
나무노트 사이

[나에게 어울리는 이름 짓기, 꿈을 향한 정체성에 등대가 됩니다.]

　나의 첫 인스타 아이디는 맥짱(mac_zzang)이었다. 새벽 기상 인증을 인스타로 하라기에 급히 계정을 만들었다. 내 이름만 보고 누군가는 '맥북' 제품을 애용하는 사람인 줄 알았다고 했으나 그 시절 난 '맥북'이 뭔지도 몰랐다. 대학 때 영어 회화 학원에 다닌 적이 있었는데, 당시 영어 이름이 맥(Mac)이었고, 거기에 '최고'라는 뜻의 '짱'을 붙인 것이다. 사실 '맥'은 어릴 적 좋아하던 외화 시리즈 '맥가이버'의 첫 글자를 따왔고, '짱'은 인스타 강사가 추천하길래 따라 붙여 '맥짱'이 되었다.
　그렇게 '맥짱'이라는 새로운 부캐를 갖게 된 나는 10대 소녀가 된 듯했다. 가상공간에서 평생 해 본 적 없는 스타일로 최대한 꾸민 후, 온 공간을 누비고 다녔다. 어리고 발랄한 소녀로 나의 부케를 만드니 온라인 공간에서 누구를 만나도, 반갑게 인사할 수 있는 친화력도 절로 생겨났다. 어느 날 메타버스에서 인친들과 즐거운 모임을 하는 모습을 본 딸아이가 물었다.

"엄마, 이 애가 엄마야? 풋. 이름이 막짱이야?"
"아니! 막짱이 아니라 맥짱이야. 맥짱!"
"옷 입은 게 과한 걸 보니, 딱 봐도 나이 많은 사람이라는 걸 알겠네!"
"그럼 너희들은 어떻게 입고 다니는데?"
"그냥 꾸민 듯 안 꾸민 듯 자연스럽게, 반바지에 티 하나, 모자 쓰고, 끝!"

아이들은 현실의 내 모습과는 너무나 거리가 먼 내 캐릭터와 아이디를 보고는 '맥짱 아주머니'라며 놀려 댔다. 사실 어색하긴 나도 마찬가지였다. 오프라인 모임에서도 인친을 만나면 '어머, 맥짱 님!' 하면서 반가워했는데 그 이름이 처음엔 너무 낯설고 어색했다. 특히, 우리 또래들 이름 중엔 '천사'가 또 그렇게 많았다.

"어머, 이름에 천사가 들어가네요?"
"그렇죠? 주위에 천사가 너무 많아요. 급하게 짓다 보니 넣었는데 저 같은 사람들이 많더라고요, 후후."

다들 자신의 바람들을 이름에 반영했거나 나처럼 급하게 만든 것들이라 이름 속 사연만 들어도 재미있었다. 그렇게 나는 점점 진짜 맥짱이 되어 가고 있었다. 현실과는 동떨어진 서로의 아이디를 부르는 게 아이들 장난 같아 쑥스러웠다가, 어느 순간 우리는 본명을 밝히는 것이 더 어색한 사이가 되었다.

사실 맥짱은 10대 소녀의 모습을 한, 오십을 코앞에 둔 꿈 많은 아줌마였다. 오십이 다 되도록 자신의 꿈이 뭔지 모르지만, 여전히 꿈을 포기하지 않는 철부지였다. 이름마다 사연이 있는 인친들과 우연히 시작한 글쓰기에서 생각지 못한 재미를 느꼈다. 10분 글쓰기를 시작으로 점차 쓰기가 내 생활에 스며들자 나의 부캐를 '쓰는 사람'으로 정해야겠다는 생각이 들었다. 남이 보기에 이름만 들어도 쓰기에 관심이 있는 사람처럼 보이고 싶었다. 그래야 공통 관심사 기반으로 인맥도 넓히고 서로 응원하며 꾸준히 쓸 수 있을 것 같았다.

그러기엔 어리고 발랄한 '맥짱'이라는 이름은 내게 어울리지 않았다. 다들 나를 그 이름으로 알고 있었지만, 만들기에 바빠 무심코 지었던 이름이라 바꾸고 싶었다. 바뀐 이름은 처음 몇 번이 어색해서 그렇지 차츰 시간이 지나면 익숙해지니 빠르면 빠를수록 좋았다.

'먼저 쓰기와 관련된 단어부터 찾아보자. 뭐가 있을까?'
'연필, 종이, 펜슬, 노트, 쓰기…. 아, '노트'라는 단어가 괜찮은데! 쓴다는 느낌도 직관적으로 들고, 부르기도 쉽고. 여기에 단어 하나만 더 붙이면 될 것 같은데, 뭐가 좋을까?'

그러다 갑자기 '나무'라는 단어가 떠올랐다.

'그래! 나무! 노트는 결국 나무에서 만들어지잖아. 같은 말 다른 느낌, 괜찮은데, 나무노트!'

내 전공도 직업도 '나무'와 관련된 것이니 이 단어들을 조합해 보기로 했다. 나무노트! 일단 부르기도 쉽고 뭔가 쓰기에 관한 분위기도 살짝 엿보여 이렇게 정한 후, 나는 '나무노트'로 다시 태어났다.

'맥짱'일 땐 현실에서 벗어나 내가 해 보고 싶은 것을 경험했

다면 '나무노트'가 되고 나니 갑자기 현실의 나로 되돌아온 듯
했다. 중년에 글쓰기로 새로운 꿈을 꾸는 평범한 사람으로 말
이다. SNS나 블로그 글을 쓸 때도 나는 '쓰는 사람'으로 마음
자세가 바뀌었다. 아무렇지도 않게 썼던 글들을 한 번 더 읽어
보게 되고 단어 하나에도 더 신경을 쓰게 되었다. 팔로우도 블
로그 이웃도 몇 안 되는 나였지만 내가 글을 올리기라도 하면,
마치 다들 내 글만 보는 것처럼 여겨져 글을 쓰기도 발행하기
도 조심스러웠다.

　쓰기 습관을 기르기 위한 챌린지를 지속하고 쓰기 강의도
기회가 되는대로 들었다. 나는 어느새 어리기만 했던 소녀 '맥
짱'에서 '나무노트'라는 글 쓰는 어른으로 성장해 가고 있었다.
이래서 타이틀이 중요한가 보다. 별것 아닌 것 같지만 이름이
주는 무게와 정체성 덕분에 나는 점점 쓰고 싶은 사람, 쓰려는
사람으로 변하고 있는 걸 실감했다. 누군가가 나를 '나무노트
님' 하고 부를 때면, 진짜 '나무노트'가 되어야겠다는 생각이
들었다. 그러다 가끔 오랜만에 만난 인친이 나를 알아보지 못
할 때 귀에 대고 이렇게 말하면 그제야 함박웃음을 짓는다.

　"저예요~ 저, 맥짱!"

손글씨가 예쁘면
글쓰기를 잘할까?

[
중년에는 평생 묵혔던 나쁜 습관을

하나씩 고쳐 나가는 취미를 가져 보세요.
]

　나는 악필이다. 그래서 어릴 적부터 글씨체가 예쁜 사람이 그렇게 부러울 수가 없었다. 가끔 나도 내 글씨를 알아보지 못하니 꽤 심각한 수준이다. 초등학교 때는 글씨를 잘 써서 칭찬도 곧잘 들었는데 언제부터 내 글씨가 망가졌는지 알 수가 없다. 그러다 고3 때 글씨 못 쓰는 사람으로 아주 낙인이 찍힌 사건이 있었는데 그 이후로 생각이 더 굳어진 것 같다.

　그 시절 무섭기로 소문난 교련 선생님이 계셨다. 이름도 얼굴도 목소리도 장군감 같은 간호사 출신의 40대 여자 선생님이었다. 선생님은 우리가 고3이니 학기 초에 얼른 진도를 빼고후반에는 자율학습 시간을 충분히 주겠다고 하셨다. 훈련도받지 않고 몇 시간의 이론 수업만 하면 되겠구나 싶어 내심 다행이다 싶었다. 그러나 이후 교련 시간이 차라리 나가서 바깥활동을 하고 싶을 정도로 혹독하리라고는 미처 알지 못했다.

수업 시간 내내 선생님은 필기 메모장을 줄줄 읽어 나가셨고 우리는 그 속도에 맞춰 한 시간 동안 쉬지 않고 노트 필기를 해야 했다. 마치 손목 운동이 이 수업의 목표인 양 우리는수업이 끝나고 나면 손목이 저릴 정도였다. 원래 악필에다 선생님이 불러 주시는 속도에 맞추다 보니 내 글씨는 마치 상형문자나 아랍어로 보일 만큼 기괴했다. 그래도 학습 진도가 겨우 끝나 이제는 자율학습만 하면 되겠다 안심하던 그때, 선생님이 말씀하셨다.

"주번! 반 아이들 노트 전부 걷어서 교무실로 가져와! 검사하고다음 시간에 나눠 줄 테니까!"
'악! 큰일이다!'

나도 못 알아보는 글씨는 분명 선생님을 화나게 해서 다음 시간에 대참사가 일어날 게 분명했다. 그렇게 일주일을 마음 졸여 가며 기다린 결과는 예상대로였다. 수업 전 주번이 노트를 다시 받아 왔는데 내 것이 보이지 않았다. 그리고 친구 은경이의 노트도. 수업 종이 울리고 들어오신 선생님 손에는 노트 두 권이 들려 있었고 그중 익숙한 노트 하나가 눈에 들어오자 눈을 질끈 감았다.

"김은경, 김성희 둘 다 앞으로 나와!. 너희는 글씨를 발로 쓰냐? 어!"

선생님은 나보다 앞서 있던 은경이의 머리를 돌돌 말린 노트로 한 대 때리셨다. 이젠 내 차롄가 싶어 떨고 있는 나에게 선생님은 "자, 들고 들어가!" 하시며 거칠게 노트를 건네주셨다. 은경이에겐 미안했지만, 무사히 넘어간 상황에 감사하며 자리로 돌아왔다. 그렇게 풀이 죽어 1년 같은 50분 수업이 끝나자, 반 아이들이 은경이와 내 곁으로 몰려들기 시작했다.

"야, 노트 좀 펴 봐. 한번 보자, 누가 더 못 썼는지. 깔깔깔!"

사실 살면서 글씨 때문에 곤란한 점이 한두 번이 아니었다.

오선, 내 안의 매미를을 만나다

작년에 교육원 논술 시험에서는 공부 걱정보다 글씨 때문에 떨어질까 노심초사했었고, 기관을 방문하여 나의 인적 사항을 적고 나면 담당자는 꼭 한번은 되묻곤 했다. 글씨를 교정해 보려 손글씨를 따라 써 보기도 하고, 부드럽고 굵은 볼펜으로도 써 봤지만 개선되진 않았다. 천천히 쓰기만 하면 된다는데 갈겨쓰는 게 습관이 되어 그 '천천히'가 되지 않았다. 이게 다 고등학교 교련 선생님 때문이라며 속상한 마음을 그렇게 소심하게 분풀이했다.

회사 업무 다이어리나 메모 노트 등 내 글씨가 적힌 노트들의 상태도 마찬가지였다. 일단 쓰인 전체적인 단락의 실루엣이 고르지 않고, 글씨를 신경 써서 봐야 알아볼 수 있었다. 동료에게 간단한 쪽지를 건네줄 때도 메모를 다시 적어 주는 일이 비일비재했다. 어쩌다 독특하거나 가지런한 글씨체를 보면 아름다운 그림을 감상하듯 넋을 잃고 쳐다보았다. 초등학교 5학년 방학이 끝날 무렵, 일기가 밀려 날씨를 참고한다며 빌린 친구 일기장을 펼쳤을 때도 그 가지런함에 잠시 멍하니 친구의 일기를 읽었던 기억이 난다.

지금이야 스마트폰이나 컴퓨터로 대부분 글을 쓰지만 그래도 글씨는 손맛이라 종이에 적는 맛이 있다. 나도 처음 쓰는 다이어리나 노트의 첫 장은 천천히 또박또박 써서 나 스스로가 기분 나쁘지 않도록, 노트를 펼쳐 계속 써 나가고 싶도록 애쓴다. 작년부터는 손글씨 연습도 할 겸읽은 책의 내용을 노트에 간단하게 메모하고 있다. 후에 다시 펼쳐 보아도 그때의 교훈이 기억나도록 최대한 바르게 쓰려 애쓰며 적어 나간다.

얼마 전부터 본격적으로 다이어리를 적기 시작하면서 다시 한번 글씨에 도전하고 있다. 남들은 내용에 중점을 두지만, 나는 글씨체까지 신경 써야 해서 이중고를 겪고 있는 셈이다. 흘려 쓰지 말고 최대한 글씨를 알아볼 수 있게 써야 한다기에 안간힘을 쓰는 중이다. 그래도 매일 노트에 손글씨를 쓰다 보니 조금씩 익숙해지고 있는 듯하다.

가끔 쓰면서 이런 생각을 한다. 내가 글씨를 잘 썼다면 글쓰기를 더 빨리 시작하지 않았을까? 최근 다이어리를 쓰기 시작하면서 최대한 글씨를 잘 쓰려고 노력한다. 다이어리는 하루에도 여러 번 펼쳐 보고 적어야 하는데 그때 글씨가 예뻐야 뭔가를 더 끄적이고 싶다는 생각이 든다. 그렇게 여백에 써 나가면 생각이 열리면서 확장되고, 그걸 또 적다 보면 새로운 영감이 떠오르기도 한다. 잘 쓰인 손글씨 하나가, 문장 한 줄이 나를 멈추고 생각하게 하기 때문이다.

오늘, 내 안의 태미인을 만나다

책을 쓰기 시작하면서 글씨를 잘 써야 하는 이유가 또 하나 생겼다. 혹여 나중에 나도 저자 특강이란 걸 하고 친필 사인을 해야 할 일이 있을 땐 어떡하나 하고 말이다. 내 사인을 받고 오히려 기분이 상할까 봐 도장이라도 파야 하나 하는 엉뚱한 상상까지 해 본다.

쓰기로 만난
기적!

> 마음을 한곳으로 모으고 간절히 원하면,
>
> 때론 기적이 찾아옵니다.

2023년은 나에게 참으로 특별한 한 해였다. 6급을 대상으로 하는 글로벌 장기 교육생에 선발되어 약 10개월간 글로벌 이슈와 인문 교양 등 다양한 분야의 교육을 받을 수 있었다. 그야말로 관심 분야의 지식과 교양을 모두 쌓을 수 있어 교육의 종합선물 세트나 다름없었다. 어디 가서 이런 얘기를 들을 수 있을까 하는 강의를 만날 때마다 교육생이 된 것에 다시 한번 감사했다.

그해 9월, 아직 더위가 기승이고 장기 교육이 막바지를 향해 가고 있을 때쯤 '글쓰기'에 대한 교양 수업이 있었다. 제목 자체가 '글쓰기'이기도 하고, 오후 4시간 내내 진행되어 과연 어떤 내용일지 궁금했지만, 마침 그날은 오전에 병원 예약 진료가 있어 수업 참석이 불투명했다. 오후까지 시간이 연장될 수도 있고, 병원에서 교육원까지 거리도 멀어, 그냥 하루 휴가를 낼까 생각도 했었다. 하지만 그 수업이 너무 궁금하여 진료를 마치자마자 세 번의 환승을 하면서 부리나케 교육원으로 달려갔다. 막 수업이 시작되었고 현직 고등학교 국어 교사라며 자신을 소개한 강사님은 50대 중후반의 온화한 미소를 가진 남자 선생님이셨다.

현직 교사라 그런지 강의 진행 방식이 마치 예전 국어 수업 시간을 연상시켰다. 직접 여러 편의 시도 읊어 주시며 우리 교육생들과 교감하려 애쓰는 모습에서 뭔가 묘한 느낌을 받았다. 글을 낭독할 때의 목소리, 특별한 제스처 등 어디선가 많이 본 듯한 모습이었다. 워낙 사람에 대한 기억력이 약해 어디서 본 듯한데 도무지 떠오르지 않았다. 그러다 갑자기, '국어 교사 구자행 선생님!'이라는 글씨를 보자 순간 얼어 버렸다. 그랬다. 선생님은 내 고등학교 국어 선생님이셨다. 세월이 30년도 넘게 흘렀으니 단번에 알아보지 못한 것도 무리는 아니었다. 양 갈래로 머리를 땋아 다니던 여고 1학년 언젠가, 새로 부임해 오셨던 선생님은 젊고 잘생긴 데다 성격마저 다정해 인기도 많았었다.

고등학교 은사님이라는 확신이 들자, 심장 박동수가 이미 내가 제어할 수 있는 수준을 벗어나 옆 사람에게까지 들릴 지경이었다. 삼십 년이나 부쩍 지난 세월이 야속하면서도 이렇게 만난 이 순간이 너무 감격스러워 차마 고개를 들 수가 없었다. 바로 그때 선생님이 뭔가 질문을 하셨고 교육생 70명은 약속이나 한 것처럼 침묵으로 응답했다. 이미 난 그분이 국어 선생님이라는 확신이 든 순간부터 온갖 생각들로 머릿속이 터질 지경이었다. 선생님의 질문을 정확히 듣지 못했지만, 지금이 바로 선생님께 인사할 수 있는 절호의 기회라고 생각했다. 순간 나도 모르게 손을 번쩍 들었고 선생님은 그런 나를 구세주 보듯 반가워하며 얼른 마이크를 건네주셨다.

나는 조심스럽게, 가늘고 떨리는 목소리로 말했다.

"강사님, 죄송한데 방금 질의하신 문제에 대한 답은 알지 못하지만, 꼭 확인해야 할 것이 있어 하나만 질문드릴게요. 혹시 90년도에 ○○ 여고에 근무하시지 않았나요?"

"아, 네. 맞아요!"

"아! 저… 선생님, 안녕하세요. 처음엔 몰라봤는데 저 고등학교 때 국어 가르쳐 주셨어요. 흑."

순간 강의실 여기저기서 작은 탄성이 터져 나왔고 선생님도 깜짝 놀라시며 내게 다가오셨다.

"아, 그래요? 내가 ○○ 여고에 6년이나 근무했었는데 그때 학생이었군요. 반가워요. 이것도 인연인데 악수나 한번 합시다."

나도 벌떡 일어나 선생님의 손을 맞잡는 순간, 참았던 눈물이 왈칵 쏟아졌다. 너무 반갑고 감격스러웠지만 풋풋했던 우리의 젊음이 떠올라 가슴이 메고 아프고 쓰라렸다. 어리기만 했던 제자에게 이제 말도 함부로 놓을 수 없는 비슷한 중년이 되어 버린, 흘러간 세월이 야속하기만 했다. 자리에 앉아서도 계속 울음이 그치지 않자, 선생님은 다시 조심스레 내게 다가와서는 따뜻한 위로의 말을 건네셨다.

"아, 이런 신기한 일도 다 있네요. 울지 마세요!"

그때 다시 한번 70명이나 되는 교육생들의 따뜻한 응원의 박수를 받으며 가까스로 마음을 진정시켰던 기억이 난다.

    4시간이 어떻게 지나갔는지 모를 정도로 나는 그 시절 고등학생이 되어 수업에 빠져들었다. 선생님의 얼굴을 볼 때마다 30년 전 모습이 계속 겹쳐져 수업 시간 내내 나는 시간여행을 하는 듯했다. 알고 보니 선생님은 이제껏 꾸준히 아이들과 문예활동을 해 오셨고, 책도 이미 여러 권 출간하신 꽤 유명한 분이셨다.

    수업을 마치고 뒷정리하시는 선생님께 다가가 다시 인사를 드렸다. 병원 검진으로 원래 못 올 뻔했으나 글쓰기 수업이라 일부러 왔는데 이런 기적이 있을 줄 몰랐다는 얘기며, 얼마 전부터 시작한 글쓰기 얘기 등 여고생처럼 선생님 옆에서 쫑알쫑알 묻지도 않은 말을 재잘거렸다. 선생님도 기뻐하시며 꾸준히 글을 써 보라고 응원해 주셨다. 선생님께 칭찬을 들으니 다시 하루가 재부팅되는 것처럼 힘이 났다.

    오후 수업이 있어 다시 학교로 돌아가야 한다는 선생님을 배웅해 드리며, 급하게 연락처도 물었다. 선생님의 뒤 모습이 완전히 사라지자, 내가 잠시 꿈을 꾼 듯 정신이 몽롱해졌다. 마치 글쓰기를 막 시작한 중년의 제자에게 여고 시절 국어 선생님이 나타나, 할 수 있는 최대한의 응원을 해 주시고 떠난 듯했다. 글쓰기를 시작하지 않았다면 나는 그날 오후 교육원을 찾지 않았을지도 모른다.

30년 동안 단지 '국어'라는 과목만 가르친 게 아니라 '글쓰기'를 통해 아이들이 마음을 열고 자신을 표현하고 자유로워질 수 있도록 지도해 오신 선생님께 너무 감사한 마음이 들었다. 단지 시 한 편을 외우게 하는 것이 아니라, 스스로 직접 써 보고 낭독하게 함으로써 아이들이 경험했을 해방감과 성취감이 떠올라 가슴이 벅찼다. 평생을 아이들과 글쓰기를 해 오시면서 느꼈던 보람과 행복함이 얼굴에 고스란히 남아 있던 선생님을 떠올리며, 나도 저런 마음으로 써 나가야지 하는 다짐을 했다. 한여름 밤의 꿈처럼 선생님은 30년 만에 나타나셔서 또 그렇게 벅찬 가르침을 주고 가셨다.

글쓰기 유목민

어디든 나만의 기록을 남겨 보세요,
흔적의 발자취가 나아갈 방향을 알려 줍니다.

그야말로 글쓰기가 대세다. 이제는 말보다 간단한 텍스트로 나의 의견을 전달하는 것이 훨씬 더 편하다. 예전엔 얼굴을 마주하고 앉아야 대화라는 게 가능했지만, 이제는 손가락 몇 번 까딱하는 걸로 충분하다. 길든 짧든 늘 메신저로 대화하니 우리도 의식하지 못하는 사이 늘 글쓰기를 하고 있었는지도 모르겠다. 나는 채팅창, 인스타, 블로그 등 내가 어디에 글을 남기냐에 따라 쓰는 언어도, 마음가짐도 달라짐을 느꼈다.

평소 나는 내 글이 어딘가 기록이 되어 남는다는 사실이 두

려웠다. 기록하기 위해 쓰는 글인데, 기록으로 남는 게 두려
우니 쓸 때마다 여간 신경 쓰이는 게 아니었다. 솔직히 말하
면 내 글을 읽는 상대방이 있다는 사실이 부담스러웠다. 그래
서 여러 사람이 모여 있는 채팅방에서는 정말 필요한 경우를
제외하고는 거의 존재를 드러내지 않았다. 지금도 단톡방에서
건네는 말이 가장 부담스럽고 조심스럽다.

SNS의 경우 챌린지 인증용으로 인스타 계정을 급하게 만들
었고 별생각 없이 사진과 글을 올렸다. 가끔 댓글이 달리는 게
신기할 정도였다. 인스타는 그 플랫폼의 특성상 사진이 글보
다 먼저 눈에 띄어 제아무리 잘 쓴 글도 사진이 주는 상징성과
대표성에 압도되어 제대로 읽히지 않았다. 장황한 글보다 감
각적으로 짧게 쓴 몇 마다가 더 마음에 와닿았고, 사진만 봐도
알겠기에 굳이 작은 글씨의 글을 읽고 싶지 않았다.

'와, 사진 정말 기가 막히게 잘 찍었는데, 그래, 딱 이 두 문장이
모든 걸 말해 주는구나. 구구절절 무슨 말이 필요하겠어!'
'글이 좋긴 한데 내용이 너무 길어 블로그나 브런치에 있었으면
좋았겠는데, 대충 찍은 사진에 글까지 묻혀 소박하게 느껴져.
이 글을 다 읽어 봐야 이 사람의 진가를 알 수 있는데, 피드에 잠
시 머무는 사람들의 습성상 그냥 묻힐 것 같아 안타깝네!'

나 역시 화려한 영상도 글솜씨도 없는 어정쩡한 위치에서 SNS는 언제나 어려웠고 지금도 그렇다. 앱에 접속하기만 하면 눈이 돌아가는 현란한 영상과 눈길을 끄는 섬네일들로 내가 왜 여길 들어왔는지 그 목적을 금방 잊어버리게 했다. 저렇게 화려하고 조금은 과장된 문구로 눈길을 끌어야 하나 싶다가도 이내 내 길이 아님을 알아차렸다. 그런 내게 누군가 블로그를 해 보라고 제안했다. 멋들어진 사진보다 글로써 사람들과 소통할 수 있다고 말이다.

블로그는 생각보다 복잡했으나 그저 글쓰기 기능 몇 개만 알고 글을 쓰기 시작했다. 이웃을 맺고 글을 읽고 공감하고, 또 누군가는 나의 글에 댓글로 달아 주며 그렇게 이웃을 늘려 갔다. 인스타보다 진득하게 이야기를 풀어 나갈 수 있는 글의 여유 공간이 좋았다. 다른 사람의 글을 읽노라면 무슨 일을 하는지, 어떤 것에 관심이 있는지 금방 알 수 있어 마음만 먹으면 금방 친한 친구를 만들 수 있을 것 같았다.

인스타나 블로그처럼 SNS에서 누군가를 사귀고 나를 확장하고 싶다면 '꾸준한 소통'이 가장 중요하다. 상대가 무슨 말을 하고 있는지 진심으로 공감하고 물어봐 주면 서로의 열렬한 팬이 된다. 뭐든지 처음에 시작할 땐 팔로우나 이웃을 많이 늘리라며 일부러라도 방문하여 인사를 남기고 댓글을 달라고 했지만, 이 역시 나에겐 쉽지 않았다.

"저 이번에 개업한 ○○식당 주인인데요. 우리 집은 김치찌개
가 정말 맛있거든요, 언제 한번 들러 주세요. 정말 제대로 대접
할게요."

마치 신장개업을 적극적으로 알리는 사장님처럼 나를 먼저
알리고 소통하는 일이 중요했지만, 온라인도, 오프라인도 내
겐 힘겨웠다. 요즘은 웬만한 인지도가 있는 유명인이 아니라
면 온라인상에서의 인지도가 중요한 영향력을 미친다. 그래서
대부분 우리는 인플루언서나 셀럽이 되려고 그렇게나 자신을
드러내고 소통하며 알리려 애쓴다.

단톡방이든 인스타든 블로그 등 어느 플랫폼이 더 낫다는
문제가 아니다. 나에게 맞는, 내가 잘 소통할 수 있는 곳에 나
의 기록을, 나의 흔적을 꾸준하게 소통하는 일이 중요하다. 이
러한 노력 없이 '여긴 나랑 안 맞아, 다른 플랫폼을 찾아봐야겠
어!' 하다가는 평생을 유목민처럼 떠돌아다녀야 할지도 모른
다. 사람들과 소통의 끈을 놓지 않고 이어 가다 보면 내 길이
보이고, 그때 가서 조금 더 뾰족해지면 된다.

쓰면서
달라진 일상

［　　글쓰기는 나의 일상을 깊고, 투명하게 관찰하게 합니다.　　］

　글쓰기 챌린지를 할 때 가장 힘들었던 것 중의 하나가 바로 '글감'을 찾는 일이었다. 특별한 이벤트가 있거나 쓸 에피소드가 있는 날이면 그럭저럭 써 내려갔지만 그렇지 못한 날은 주제 정하는 시간도 만만찮았다. 급기야 글감 찾는 방법에 관한 책도 찾아봤지만 별 도움은 되지 않았고 대신 깨달음을 하나 얻었다. 말 그대로 글감은 우리 생활 주변에 널려 있고 그 무엇이든 쓰기의 소재가 되는데, 단지 그것을 바라보는 자신의 관점과 관찰력이 관건이었다.

　나는 출퇴근 때 바라보는 풍경에 가끔 시선이 멈출 때가 많았다. 화창한 어느 날, 햇살들의 아우성에 은빛으로 변한 나뭇잎과 돌 틈 사이를 비집고 당당하게 우뚝 서 있는 민들레를 볼 때면 마음이 울컥했다. 반짝인다는 단어로는 너무도 부족한 아름다움과 민들레의 당당함을 충분히 표현하지 못하는 것이 늘 갑갑했다. 그저 내가 할 수 있는 거라곤 걸음을 멈추어 자세히 들여다보고 그것들이 얼마나 치밀하게 아름다운지 알아봐 주는 것이 내가 할 수 있는 최선이자 예의였다. 적어도 자연에 대한 존경과 감사함을 그렇게라도 표현하고 싶었다.

내 머릿속엔 항상 해야 할 일들로 분주했다. 주변의 것들을 있는 그대로 바라보지 못하니 쓸거리가 늘 부족하여 바둥거렸다. 가끔 내가 가진 고민과 편견을 접어 두고 그저 투명하게 바라보면, 투영된 나의 감정과 생각을 기록하고 싶어질 때도 있었다. 그럴 땐 메모 기능을 이용해 떠오른 주제의 단어와 감정 몇 개를 툭툭 적어 놓았다. 사진도 찍어 함께 저장했다 나중에 꺼내 보면 그때의 느낌이 떠올라 한결 쓰기가 편해졌다.

이렇게 매일 쓰기 주제를 생각하다 보니 무심히 보아 넘기던 주변의 것들에 조금 더 관심을 두게 되었다. 계절의 변화와 출퇴근 시간의 교통 체증, 출근길 사람들의 표정, 항상 바삐 물건을 실어 나르는 택배 아저씨의 분주함 속에서 나는 가끔 마음이 멈추었다. 내가 느끼는 이 마음을 저들도 같이 느끼는지 궁

• 217

금했고 혹여 다를지도 모르는 그들의 속내도 궁금해졌다.

쓰다 보면 항상 주제는 몇 가지로 요약되었다. 나 자신에 관한 이야기와 가족, 자기 계발과 사회 부조리에 대한 분노 등 내가 민감하게 반응하는 주제들이 무엇인지 글을 쓰면서 나도 알게 되었다. 글을 써 내려가면서 그것들에 대해 다시 한번 되짚어 보고 내 감정 또한 정확히 어떠한 지점에서 이런 생각이 들었는지, 그 결핍에 대해서도 들여다보게 되었다. 적다 보면 자기 성찰은 물론 세상에 감사함까지 생기는데, 쓰기가 주는 보너스 같다는 생각이 들었다.

거리를 걷다 무심코 쳐다본 현수막과 간판의 문구 하나, 엘리베이터 안 광고에서도 갑자기 툭 하고 감정이 건드려지고 예전의 기억이 소환되기도 한다. 핸드폰에 머리를 처박고 순간적인 쾌락을 주는 영상들만 보다 보면 절대 만나지 못할 소중한 감정들이다. 자가용보다 대중교통을 이용하면서 내 두 손을 자유롭게 하고, 걷는 두 다리의 감각은 오감을 통해 세상과 나를 연결해 주는 역할을 했다.

책 선정에서도 조금은 목적 있는 독서가 되었다. 글쓰기에 관한 책이라든지 쓰기 천재라 불리는 작가들의 책을 읽어 보면서 아름다운 단어 하나, 문장 한 줄이 얼마나 강력한 힘을 가졌는지 알게 되었다. 그들이 제시한 글귀 하나가 종일 내 마음에 머물렀고, 그 감동은 때론 장문의 글로 이어지기도 했다. 누구나 아는 평범한 단어들에서 어쩜 그런 생각들을 뽑아내는지, 지극하게 관찰하고 생각하지 않으면 불가능한 일이었다.

글을 쓰면서 조금씩 알 것 같다. 세상의 모든 것들은 그 존재의 의미와 쓰임이 있다는 것을. 지극히 평범한 내 삶도 이렇게 글로 쓰이듯, 주변의 모든 것들에 애정과 관심을 가지고 투명하게 바라볼 수 있다면 쓰기의 기쁨과 깊이도 한층 더 짙어질 것 같다.

어디까지
솔직해질 수 있을까?

> 감추고 싶은 비밀, 쓰기로 들려주세요.
> 나에게는 치유를 타인에겐 공감을 전해 줍니다.

글쓰기를 하다 보면 가끔 멈칫하게 되는 주제가 있다. 남에게 들키고 싶지 않은 나만의 비밀이야기라도 있는 주제라면 더욱 그렇다. 얼마 전 살아오면서 감추고 싶은 나만의 비밀에 대해 적어야 할 때가 있었다. 부끄럽고 수치스러운 일들이 많았겠지만 제일 먼저 떠오른 사건 하나가 있었다. 지금 생각하면 어릴 땐 당연히 그럴 수 있는, 누구나 한 번쯤은 경험했을 일이었는데도 여태껏 남에게 말한 기억이 없다. 그날 난 이 주제에 대해 글을 쓰면서 스스로 치유가 되었던 기억이 난다.

우선 내 안의 데미안을 만나다

　내가 초등학교 입학할 무렵, 우리 집은 동네에서 제일 먼저 3층 양옥집을 지었다. 새로 집을 지을 사람들은 우리 집을 방문하여 모델하우스를 보듯 둘러보곤 했다. 아버지는 중학교 때 할아버지를 여의고, 삼 형제의 맏이로 홀어머니와 함께 이곳 부산으로 넘어와 고철 수집상을 하며 많은 돈을 벌었다. 하지만 얼마 못 가 아버지의 사업은 부도를 맞았고, 내가 4학년 때 부모님은 우리 5남매를 친할머니에게 맡기시고 통영으로 돈을 벌러 가셨다. 그렇게 약 2년을 부모님과 떨어져 살았던 때가 제일 힘들었던 기억이 난다.

　전부 두 살 터울인 우리 5형제는 그런대로 할머니와 함께 고된 시간을 이겨 나갔다. 도시락 반찬이 매일 똑같다는 것, 가끔 엄마가 보고 싶은 것 외에는 그런대로 견딜 만했다. 당연히 먹을 것, 입을 것이 풍족하지 않았고 부모님이 주신 용돈으로 학교 문방구에서 마음대로 간식을 척척 사 먹는 친구들이 그렇게 부러울 수가 없었다. 그 시절 나는 집에 가도 부모님이 안 계시니 밖으로만 나돌았다. 학교를 파하면 항상 군것질을 잘하던 친구에게 붙어 그 친구 집에서 함께 숙제하고 오후 늦게나 집으로 돌아오곤 했다.

　어둑해지던 어느 겨울, 집으로 돌아오는 길에 우리 동네 새로 생긴 커다란 슈퍼 앞을 지나치게 되었다. 가끔 라면 심부름을 하거나 어쩌다 생긴 용돈으로 과자를 사러 올 때를 제외하고는 올 일이 없었고 그나마도 드문 일이었다. 둥글넓적한 얼굴에 푸른 반점이 이마와 눈 주위를 반쯤 뒤덮고 있던 주인아저씨는 인상이 무섭긴 했지만 어린 나에게는 그 푸르스름한 점마저 부의 상징으로 보였다.

평소 계산대에서 티브이를 보시던 아저씨는 그날따라 보이지 않았고, 가게 앞에 내놓은 귤 몇 상자가 눈에 들어왔다. 상자 위 작은 소쿠리에 몇 개씩 나눠 담은 귤이 정말 먹음직스럽게 보였다. 순간 광이 나는 그 오렌지빛 귤을, 정말 딱 하나만 맛보고 싶었다. 그 생각만으로도 입에 군침이 돌았고 나는 자리를 뜨지 못한 채 계속 귤과 가게 안을 번갈아 가며 보고 있었다.

'아, 저 귤 하나면 먹을 수 있다면…. 귤 하나만 있어도 집에 가서 언니들과 나눠 먹을 수 있을 텐데, 한쪽씩 나눠 주면 다들 좋아하겠지? 친구한테 하나 얻었다고 하고 그냥 하나 들고 갈까? 마침 어두워져 사람도 없고 주인아저씨도 안 보이는데. 아, 진짜 먹고 싶다.'

순간 미친 듯이 뛰는 심장을 억누르며 나도 모르게 얼른 소쿠리에 있던 귤 하나를 집어 들었다. 그러곤 누가 불러도 절대 뒤돌아보지 않을 결심으로 있는 힘껏 집을 향해 내달렸다. 몇 초동안 정적이 흐르자, 나는 내 작전이 성공한 것을 감지했고 좀전의 죄책감보다 귤 하나를 나눠 먹을 수 있다는 생각에 환희에 넘쳤다. 이미 어두워진 사방이 그렇게 고마울 수가 없었다.

숨을 헐떡이며 집에 도착하니, 예상대로 언니들과 동생은 따뜻한 아랫목에 모여 티브이를 보고 있었다. 나는 마치 개선장군처럼 귤 하나를 들어 보이며 말했다.

"이거 친구네 엄마가 하나 주셨어. 진짜 맛있겠지? 딱 두 알씩 먹으면 되겠다."
"와, 진짜 맛있겠다!"

순간 모두의 시선이 내 두 손에 꽂혔고 나는 얼른 껍질을 까서 먹이를 물고 온 어미 새처럼 언니들과 동생에게 똑같이 나눠 주었다. 세상에서 가장 새콤달콤하던 귤 맛을 나는 아직도 잊을 수가 없다. 귤 한 알씩을 입에 넣어 오물거리며 행복해하던 모습들, 빵을 훔친 장발장도 그런 기분이었을까?

죄책감도 잠시, 맛있게 먹는 형제들을 보니 내가 뭔가 대단한 일을 했다는 착각이 들 정도였다. 물론 소심했던 나는 그때부터 죄책감에 시달리며 혹시라도 주인아저씨가 나를 부를까 봐 한동안 그 가게 앞을 달려서 지나쳤다. 겁 많은 내가 그렇게 할 수 있었던 건, 당시 귀한 과일인 귤이 너무 먹고 싶었고, 그걸 형제들과 나눠 먹으면 얼마나 좋아할까 하는 기대에 부풀어 순간의 선택을 정당화했던 것 같다.

몇 해 전부터 겨울이면 큰 언니가 동생들 집으로 귤 한 상자씩을 보내 주곤 한다. 제주 아는 농장에서 당일 작업해 모양도 크기도 제각각이지만 그야말로 새콤달콤한 싱싱한 귤이다. 지금은 이렇게 마음껏 먹을 수 있는데, 어린 시절 귤 하나를 손에 들고 마음 졸이며 달리던 내가 생각나 가끔 마음 한구석이 아려 온다. 철없던 시절 '부모님 지갑에서 슬쩍, 엄마가 잠시 맡겨 둔 가게의 금고에서 슬쩍했다'는 이야기는 우리 주변의 흔한 에피소드다. 지인들끼리 가끔 서로의 경험담을 얘기하며 웃을 때도 나는 이 귤 사건을 말하지 못했다. 여전히 부끄러웠고 애처로운 내가 떠올라 굳이 말하고 싶지 않았다.

이렇게 몇십 년을 묵혀 두었던 이야기가 글을 쓰면서 나오게 되었다. 얼마 전 블로그에 이 글을 쓰고 이웃들의 댓글이 많은 위로가 되었다.

"저도 비슷한 기억이 있어 공감하며 읽었어요. 이후 가게 앞을 지나면서 힘들었을 마음에 짠하네요. 이제 아픈 추억은 잊고 맛있는 추억만 만들어 가세요!"

"어린 시절 말 못 할 추억 하나씩은 갖고 있지요. 얼마나 힘드셨을지 안쓰러워서 쓰담쓰담!"

"저도 어릴 적 사탕이 먹고 싶어서 그랬던 기억이 있네요!"

"저는 아무것도 못 들은 걸로 할게요!"

비슷한 경험을 공유해 주거나 어린 나를 보듬어 주는 응원을 보며 그제야 내가 나를 용서하고 보듬어 줄 수 있었다. 이래서 글을 쓰는구나 싶었다. 가슴속 풀지 못한 응어리를 써 봐야겠다는 생각이 들었다. 너무 깊이 있어 존재 자체를 찾지 못하거나 잊고 지내는 일이 아직도 있을지 모르지만, 살면서 또 어떤 계기로 툭 하고 나타날지 모른다.

언젠가 내 몸의 굳은살처럼 내 마음 어딘가 딱딱하게 붙은 응어리들이 글로 표현되길 바라 본다. 과연 나의 글쓰기는 어디까지 솔직해질 수 있을지 나도 궁금해진다.

6부

중년의 인생 시간표

보이기 말고,
드러내기

[　중년의 필수 아이템, 나만의 색을 내는 후광을 가져 보세요. 　]

　가끔 난 '왜 이렇게 피곤하게 살지?' 하고 생각하곤 했다. 안 하던 공부하느라 여유 시간이 줄어 그런지 일상이 지치고 피곤했다. 지난 2년간 지내 온 시간을 돌이켜 보면 내가 좋아서 공부한 분야도 있지만, 그저 분위기에 휩쓸려 한 적도 꽤 많았다. 미래의 쓰임을 모르니 일단 배워나 보지 싶었다. 그런 마음의 바닥에는 나의 불안을 없애는 것도 있지만 '보여 주기 위한 것'도 없지 않았다. 그저 '이런 것도 아는, 좀 멋진 사람'이 되고 싶었던 모양이다.

　나는 20대 초 그날의 경험 이후, 줄곧 '후광이 비치는 사람'

이 되고 싶었다. 드러내지 않아도 자신만의 카리스마와 분위기가 배어 나오는 사람 말이다. 대학교 2학년 때의 일이다. 새학기가 시작되자, 군대 갔던 선배들이 복학했다. 소년의 맑은 미소를 가진 선배 한 명이 햇살을 등에 지고 들어서던 그날의 장면은 아직도 생생하다. 햇살로 망토를 두른 듯 선배 주위는 온통 빛으로 물들어 있었다.

'와! 어쩌면 사람한테 저런 기운이 나올 수 있지? 저런 게 '후광'이라는 건가? 덩치도 작은데 이 강의실을 꽉 채우는 저 아우라는 도대체 뭐지?'

꼭 그날의 햇살 때문만은 아니었다. 온화한 미소와 그 사람이 풍기는 성품이 더해졌다는 걸 몇 해를 함께 지내면서 알 수 있었다. 그날 사람의 뒤로 비치는 후광을 보고 나도 무언가 '빛이 나는 사람'이 되고 싶었다.

강렬한 카리스마보다 온화하지만 강직하고, 고귀한 빛을 내는 아우라가 있는 사람 말이다. 삼십 대와 사십 대는 '척'하며 사는 데 기준을 두고 살았다면 이제는 굳이 그렇게 애쓰지 않아도 자체로 은근하고 영롱한 분위기를 내는 사람이 되고 싶다. 사회생활을 하면서 가끔 이런 사람들을 만나곤 했다. 서로를 깊이 알지 못해도 말 몇 마디를 나눠 보면 그 사람의 표정, 말투, 행동 하나하나에 '품위'가 흘러나오는 사람! 내가 찾던 '빛'이 바로 이거였구나 하고 느끼던 순간이었다.

그런 사람들에게는 몇 가지 공통된 특징이 있었다. 일단 표정이 온화한 가운데 강직했다. 생김새의 잘나고 못남을 떠나 얼굴 전체의 주름이 눈코입 주변으로 자연스럽게 자리 잡아 그 어떤 표정을 지어도 편안해 보였다. 자연스러운 머리 스타일과 깔끔하고 단정한 옷차림은 그 사람을 대하는 상대방의 태도를 결정짓게 했다. 여유롭고 느긋한 말투, 적절하고 올바른 단어를 구사하여 듣는 이의 마음을 편안하게 하며 경청하는 동안에도 표정과 몸짓으로 적절한 추임새를 표현할 줄 알았다.

"화상으로만 보다가 이렇게 실제로 뵈니 너무 감격스럽네요. 만나면 드리고 싶어 조그만 선물 하나 준비했어요. 대단한 건 아니지만 어제 이 글을 적고 선물을 포장하면서 행복했답니다."

이렇게 외적으로 드러나는 것 위에 고운 마음씨와 배려심이 더해지면 그야말로 후광이 비치는, '빛나는 사람'이 되는 것이다. 사람과의 관계 속에서 일희일비하지 않으며, 조그만 일에도 정성을 보이고, 내가 먼저 양보하는 마음이 몸에 밴 태도가 그렇다. 누군가 해야 할 일을 그저 묵묵히 시작하고 그 과정이나 결과에 대해 생색내거나 손해 본 것에 대해 이러쿵저러쿵 토를 달지 않았다. 이런 태도들은 보이려 애쓰지 않아도 끝내 드러나게 마련이다.

예전엔 이런 사람들을 나보다 사회적 지위나 학식이 높은 사람들에게서 찾으려 했다. 그런 사람들이 갖춘 외부 조건이 더 그렇게 보이게 했는지도 모른다. 하지만 나이가 들면서 나의 시선은 자연스럽게 내 일상의 주변으로 옮겨 갔다. 더운 여름날 제대로 분류되지 않은 냄새 나는 재활용품을 말없이 정리하며, 오고 가는 주민들에게 반갑게 인사 건네는 경비 아저씨들이 그렇다. 엘리베이터에서 마주치는 이웃에겐 항상 먼저 웃으며 인사를 건네고, 아이들에게는 특별히 더 애정을 드러내는 위층 어르신과 친정 일에 항상 먼저 달려가 말없이 해결하고 오는 동생과 언니들이 그랬다.

이런 사람들의 편안한 표정과 배려하는 행동은 하루아침에 만들어진 것이 아니었다. 졸리면 자연스레 하품이 나오듯 그저 사람을 대하는 태도가 평생이 그러했기에 가능한 것이다. 내가 바로 이런 사람이 되고 싶다는 걸 깨닫게 해 주는 순간이

우아, 나의 아이를 대비해를 만드는 것

었다. 자기 계발을 시작하면서 나도 남들처럼 멋지고 근사한 무언가를 성취하고 싶었다. 물론 지금도 그 꿈은 변함없지만, 이것만 이룬다고 행복이 오래가진 못한다. 이내 또 다른 욕망으로 나를 재촉할 것임을 알기 때문이다. 내가 빛나고 있다는 것을 스스로 알 때 나는 진정 행복한 삶의 풍요로움을 알 것 같다.

　타인과 사회가 주는 인정, 되고 싶은 나를 위해 달려가면서 내면의 나도 돌보고 채워야 한다. 사회와 타인을 먼저 배려해야 한다는 의식적인 행동이 아니라 자연스레 몸과 마음이 먼저 움직이는 사람이 되고 싶다. 이것이 내 마음의 충만함으로 이어져 나도 모르게 은근히 빛이 나는 사람, 내가 봤던 20대의 그 후광이 나의 등에도 비치길 바라 본다.

유연해지기

[
뾰족했던 나의 감정, 인정과 포용으로 둥글게 다듬어 보세요.
]

세상 살아가는 방법 중 가장 피곤한 것 중 하나가 바로 '척하며' 사는 것이다. 괜찮은 척, 이해하는 척, 좋아하는 척 등이 바로 그것이다. 사람들은 이런 '척'을 잘해야 출세한다고 말한다. 사실 맞는 말이긴 하다. 그런데 이렇게 자꾸 가면을 쓰다 보면 사람들은 내가 쓴 가면 위에 더 많은 가면을 쓰도록 강요한다. 이미 가면을 쓰고 있는데, 아닌 척하고 있으니 원래 그런 사람인 양 나를 대하고 또 그렇게 되기를 기대한다.

직장생활을 오래 하다 보면 척하기의 달인이 된다. 하루에도 몇 번씩 올라오는 마음을 억누르고 아닌 척 괜찮은 척하게 된다. 물론 개 중엔 진짜 속마음을 드러내어 자신이 원하는 바를 얻기도 하지만 주변 사람들에겐 '눈치 없는 사람', '자기밖에 모르는 사람'으로 낙인찍히기에 십상이다. 그럴 바에야 내가 속이 좀 상해도 앞으로 안 볼 사이도 아니니 '그냥 참고 말지' 하며 지나치는 경우가 대부분이다.

나는 사람들과 적당히 원만한 인간관계를 유지하고 지내 왔다. 세상에 특별히 나쁜 사람들은 없었고, 가끔 나와 맞지 않는 사람들만 있을 뿐이었다. 평소 나는 얌전하고 소심한 편이나 '무례함'에 대해서는 꽤 예민한 편이었다. 두어 번의 사건이 있었는데 둘 다 무례함이 그 원인이었다. 특히 이 '무례함'은 나이 들수록 그 범위와 감정의 강도가 커져 별것 아닌 일에도 예민해지곤 한다. 예를 들면 이런 것들이다.

뻔히 뒷사람이 따라오는 걸 알면서도 문을 잡아 주지 않는 것, 인파 속에서 툭 치고 아무렇지도 않게 지나치는 것, 버스나 지하철 안에서 볼륨을 크게 높이거나 큰 소리로 통화하는 것 등 주위에서 흔히 볼 수 있는 일들이 내가 요즘 견디기 힘든 무례함이다.

직장 내에도 이런 사람들이 있기 마련이다. 되도록 이런 사람들과는 부딪히지 않으면 좋은데, 어쩔 수 없이 매일 봐야 한다면 여간 곤란한 일이 아니다. 몇 해 전 일이었다. 인상도 푸근하고 겉보기에는 사람 참 좋아 보이는 상사가 있었다. 실제 성격도 온순하고 아래 직원에게 농담도 곧잘 건네는 다정한 분이었다. 하지만 가끔은 이해가 되지 않을 정도로 별것 아닌 일에 화를 내거나 상대방을 무시하는 경우가 있었다.

"아니, 아까 팀장님 말이야, 그게 그렇게까지 화낼 일이었어? 게다가 사람들 다 있는 데서 그렇게 말하면, 상대방은 얼마나 무안하고 모욕감을 느끼겠어? 가끔 진짜 이해가 안 돼, 왜 저렇게 화를 내는지! 맞추기 힘들다, 힘들어!"

이렇게 동료들과 저녁을 먹으며 우리는 함께 흥분하며 화를 삭이곤 했다.

그러던 어느 금요일 퇴근 무렵, 그 상사는 우리들의 그런 불만을 감지라도 한 듯, 회의 끝에 혹시 자신에 대한 불만이 있으면 말해 보라며 운을 띄었다. 나를 포함해 네 명의 동료들은 뜻밖의 기회에 잠시 흠칫했다. 나는 속으로 '이제야 올 것이 왔구나!' 하는 심정으로 그간 그분에게 몇 번의 모욕적인 언사를 당한 선배가 불만을 얘기하기를 기다렸다. 하지만 예상과는 달리 침묵의 시간이 길어졌고 나는 이 회의가 이대로 끝날까 봐, 그래서 끝내 우리는 계속 이런 대우를 받으며 견뎌야 할까 봐 순간 너무 두려웠다.

"음… 팀장님은 가끔 너무 화를 잘 내시는 것 같아요. 솔직히 별 것 아닌 일에도 필요 이상으로 화를 내시니 도대체 어느 지점에서 화가 나신 건지 종잡을 수 없을 때가 있어요. 며칠 전 ○○ 직원에게 화를 냈을 때도 바로 그런 경우예요. 사람들 앞에서 그렇게까지 윽박질러서 듣고 있던 우리까지 얼마나 민망했는지 몰라요."

평소 이런 것이 부당하다고 여기던 차에 마침 기회가 주어지니, 놓치면 안 된다는 생각에 나도 모르게 내뱉어 버렸다. 그리고 몇 초의 침묵이 흘렀다. 그 짧은 순간의 침묵이 무얼 의미하는지 깨닫고 나는 이내 후회했다.

'아! 내 직장생활은 이제 더 암흑기로 접어들겠구나. 판을 깔아 준다고 그걸 곧이곧대로 믿고 상사 얼굴 앞에 대고 싫은 소리를 하다니…. 당한 사람들도 저리 입을 닫고 있는데 내가 왜 굳이 말을 했을까? 이놈의 욱하는 성질이 또 사고를 쳤구나!' 하는 생각이 들었다. 그리곤 바로, '에라, 모르겠다. 내가 이 팀에서 쫓겨나면 더 좋은 것 아닌가? 참을 만큼 참았어!' 하며 애써 두려움에 떨고 있던 나를 스스로 위로했다.

　나의 발언을 시작으로 상사는 그 ○○ 직원에게 자신의 행
동이 실제로 그러했는지 확인을 했다. 그제야 그분도 이제껏
불만을 털어놓기 시작했다. 그렇게 회의는 보기 좋게 두 명의
싸움으로 파국을 맞았고, 나에겐 13일의 금요일만큼이나 무섭
고 두려운 밤이 되었다. 주말 내내 마음이 편치 않았고, 월요
일 출근하자마자 그 상사에게 불려 가 한 소리를 들었다. 내가
자기를 무시하는 것 같고 굳이 내가 왜 그런 말을 했는지 주말
동안 고민해도 떠오르지 않아 괴로웠다고 했다. 사실 금요일
회의가 그렇게 끝나자마자 나는 바로 사과를 드렸었다. 그럴
의도가 아니었는데 일이 이렇게까지 커지게 된 것과 내 의견
을 전달하는 방법이 다소 서툴러 마음이 상했을 것 같다며 용
서를 구했다. 그런데도 화가 풀리지 않았는지 월요일 출근하
자마자 나를 부른 것이다.

　당시에는 그 상사가 '무례하면서 속도 좁은 사람'으로 여겨
졌다. 자신이 감당도 못 하면서 왜 그런 자리를 마련했는지 이
해가 되질 않았다. 하지만 이제 나도 중간 관리자가 되고 보니
그분이 당시 얼마나 당황하고 멋쩍었을지 이해가 된다. 자신
은 전혀 그런 사람이 아니라고 믿고 살았는데, 평소에 나름 잘

대해 주던 부하 직원이 여러 사람 앞에서 '너는 그런 사람'이라고 대놓고 얘기했으니 말이다.

만약 지금 내게 또다시 그런 상황이 벌어진다면 난 어떻게 대처할지 생각해 보았다. 아마도 예전처럼 당사자를 앞에 두고 여러 사람 앞에서 얘기하진 않을 것이다. 처음에는 미워하며 원망하다 끝내는 측은한 마음에 농담처럼 돌려 말하며 그 사람이 느끼길 바랄지도 모른다. 상사라고 부하 직원에게 불만이 없을 리 없다. 일 처리가 마음에 차지 않고 답답해도 대놓고 말하지 못했을 것이다. 항상 상사가 '갑'인 줄 알았는데 누구나 자기 위치에 맞는 '갑'과 '을'의 입장을 가지고, 적당한 균형을 맞추며 살아가고 있다는 걸 알게 되었다. 나이가 들면 이리저리 둘러볼 줄 아는 혜안을 가져야 한다. 부당한 것에는 목소리를 내되, 좀 더 세련되고 지혜롭게 내 의사를 전달할 줄 알아야 한다. 사람들은 그런 걸 '연륜'이라고 부르는 것 같다. 당장 눈앞에 보이는 것에만 뾰족하게 반응하던 내가 이제는 좀 둥글둥글, 유연해져야겠다는 생각이 든다. 늘어나는 나이만큼이나 그 안에 포용력과 세상을 바라보는 지혜도 담겼으면 좋겠다.

스며들 듯
공유하기

[　　　누군가를 변화시키고 싶다면, 나부터 바뀌면 됩니다. 　　　]

　반백 년을 살고 보니 남은 50년은 조금 다른 삶을 살고 싶다. 내가 이제껏 한 번도 해 보지 못한, 어쩌면 이번 생애에는 없을 거라고 믿었던 일을 하면서 말이다. 멀게만 보였던 퇴직도 10년 남짓 이제는 정말 무언가를 준비해야 했다. 퇴직을 하더라도 내가 준비해 오던 일들이 자연스럽게 이어져 공백이 없어야 한다. 예전처럼 일단 퇴직하고 여행도 좀 다녀오고 난 뒤 쉬면서 생각해 보겠다는 건 이미 준비된 사람들이 갖는 여유이자 특권이 되었다.

　연금을 받기까지의 공백이 길고 치솟는 물가 탓에 그 돈만으로는 먹고살기가 힘든 현실이다. 경제적으로는 내가 육체노동을 하지 않아도 일정 금액의 소득이 생길 수 있는 재무구조를 만들어야 하고 제2의 직업을 갖든 뭔가 내 일상을 메울 일거리가 필요하다. 그렇게도 그리던 여행도 몇 달만 다니다 보면 금방 지칠 것이 뻔했다. 이런 활동은 일종의 별미 같은 존재라 매일 밥만 먹다가 외식하듯 가끔 먹어야만 그 가치를 알 수 있는 것들이다.

나는 무엇보다 내 일상을 채울, 취미 생활을 하는 그것이 가장 중요하다고 생각했다. 그걸 찾으려 지난 몇 년간 자기 계발을 했고 그렇게 찾은 것이 바로 글쓰기였다. 다행히 쓰는 동안 행복했고 그것으로 파생된 여러 활동이 나를 바쁘게 만들었다. 책을 읽고 저자 특강을 듣고, 합평회도 하면서 나누는 서로의 생각들이 좋았다. 도반들과 함께 하는 경험을 통해 나는 이런 활동이면 지루하지 않고 내 평생을 재미있게 살 수 있을 것 같았다.

처음에는 나의 이런 자기 계발이 가족들을 조금 불편하게 한 것도 사실이다. 아무래도 집안일에 소홀하게 되고 가족들과 보내는 시간도 줄어들었기 때문이다. 공부한답시고 책상에 앉아 있는 날이 길어질수록 가족들이 느꼈던 불편함도 조금씩 그러려니 하는 일상의 부분으로 받아들여졌다. 가끔 내가 알게 된 사실을 가족들 단톡방에 공유하면서 내가 하는 공부의 이해를 구하고 아이들도 남편도 조금씩 자극받길 바랐다.

"이런 영상은 어떻게 만든 거야? 프로그램이 따로 있어? 신기한데!"
"그냥 앱으로 들어가서 몇 번만 클릭하면 돼, 진짜 신기한 기능이 많아, 자기도 한번 해 봐!"

원래 남편은 나보다 취미가 훨씬 다양한 사람이다. 요리, 커피, 전기 분야 등 어찌 보면 일상에 도움 되는 것들이 취미라 우리 가족은 그런 혜택을 많이 보며 살았다. 관심 분야가 생기면 집중해서 파고드는 남편이 뭔가 하나를 집중해서 하면 정말 잘할 거라는 생각이 들었다. 그러던 중, 영상 편집에 관심을 보이더니 저녁 시간과 주말을 이용해 관련 강좌를 찾아 듣기 시작했다. 꽤 열심히 하는가 싶더니 가족 모임이나 여행지에서의 일상도 영상으로 만들어 가족 밴드에 올려 주었다.

"야, 이건 또 언제 찍어서 이렇게 올렸어? 내가 이때 이러고 있었구나. 엄마 아버지 이렇게 다시 보니까 너무 좋다. 다큐멘터리 한 편 보는 것 같아. 몇 년 뒤에 보면 진짜 추억 돋겠는데!"

　　나는 물론 친정 언니들의 칭찬은 열정에 가득한 남편을 더욱 춤추게 했다.

　　각자의 흥밋거리가 구체화되고 짙어질수록 함께하는 출근길 차 안에서 우리의 대화 내용도 조금씩 바뀌었다. 요즘 글은 잘 써지는지, 함께 영상 수업을 듣는 다양한 이력의 사람들 이야기까지 전혀 새로운 분야의 이야기를 나누기 시작했다.

　　"퇴고는 잘되어 가? 언제쯤 마칠 것 같아?"

　　"아, 조금씩 하고는 있는데 이게 책이 될지 영, 퇴고할수록 자신이 없네. 그래도 뭐 이왕 쓴 거 끝까지 해 봐야지. 참 자기는 영상 발표회가 언제라고 했지?"

　　"응, 다음주. 같이 수업 듣는 사람 중에 케냐에서 30년 지내던 분도 있고, 언론사에서 막 퇴직한 간부, 직업 군인도 있어. 이 수업 들으면서 다양한 분야 사람들 만나고 얘기 나누니 참 재밌어. 특히 막 은퇴한 사람들이라 가까운 내 미래라 생각하니 그분들의 얘기가 더 와닿는 것 같아. 언제 이런 사람들 만나면서 얘기해 보겠어? 세상을 보는 눈도 확장되고 말이야."

　　집과 사무실만 오가면 절대 만날 수 없는 분들과 교류하면서, 만나는 사람들과 생각하는 것들의 범위도 확장되어 삶이 한층 풍요로워지는 것 같았다. 특히 막 퇴직한 인생 선배의 얘기를 통해 우리의 노후는 어떠해야 할지 나와 종종 얘기하고 고민하는 계기가 되었다.

주말이면 우리 네 식구의 일상은 평일과 별반 다르지 않다. 아침을 함께 먹고 각자 자기가 할 것들을 하며 지낸다. 남편은 수업이 있는 날이면 강의를 들으러 가고, 나는 밀린 책을 읽고 글을 쓴다. 가끔 저자 특강이 있는 주말이면 도반들 만날 생각에 그 한 주가 즐겁다. 그래도 한 달에 두어 번 친정에 모여 부모님, 언니들과 보내는 시간은 더없이 소중하다. 사춘기 아이들도 아침부터 친구들과 운동이나 학원을 가거나 집에서 낮잠과 게임으로 하루를 보낸다. 힘든 한 주를 보상해 주는 주말이니 무엇을 하든 서로의 생활을 존중하려 한다.

사춘기는 부모와의 적당한 거리 유지가 좋은 시기이니 어찌 보면 지금이 서로에게 더없이 좋은 시간이다. 마주할 시간이 적으니 잔소리보다 각자의 안부를 묻게 된다. 뭔가를 매일 공부하는 부모를 볼 때마다 처음엔 이해되지 않다가 어느 순간 자기도 모르게 부모를 따라 다시 책을 펼치는 날이 올지도 모른다. 아이들이 '공부는 평생 하는 거구나. 꼭 국·영·수가 아니어도 관심 있는 분야에 스스로 읽고 배우는 것이 공부구나.' 하고 느꼈으면 좋겠다.

어쩌면 나의 작은 변화가 서서히 가족들도 변하게 할지도 모른다. 남편도 아이들도 자신들을 행복하게 만드는 일이나 취미를 찾아 일상이 행복했으면 하는 바람이다. 남편은 이미 관심 분야를 찾아 재미있게 파고드는 중이다. 한창 공부할 나이의 아이들은 이런 말이 이해되지 않겠지만 머지않은 미래에 자신들의 인생을 즐겁고 풍요롭게 하는 일을 찾길 바란다. 그렇게 서로의 성장을 응원하며 각자의 꿈에 한 발자국씩 더 다가가기를 바란다.

2027년 3월,
어느 봄날의 일기

[원하는 삶이 있다면, 그 하루를 생생하게 꿈꿔 보세요.   ]

　오전 10시, 인문학 도서관에서 나의 첫 글쓰기 수업이 있었다. 간밤에 너무 떨려 잠을 설쳤더니 아침부터 머리가 몽롱했다. 순간 창문 너머 벚꽃이 꽃망울을 터트린 걸 보고, 좋은 기운이라 생각했다. 인문학 도서관은 우리 동네 도서관으로 내가 10여 년 전부터 주말이나 쉬는 날에 자주 찾던 곳이다. 처음 이곳에 인문학 도서관이 개관한다기에 얼마나 설레던지, 그저 '인문학'이라는 단어가 주는 고상함이 더 좋았다고 하면 더 맞는 말이겠다.

　늘 가던 그 길이 오늘은 첫 출근을 하는 신입 사원처럼 설레고 낯설었다. 평화롭게만 보이던 가게 간판들과 가로수가 왠지 나를 시험하듯 관찰하는 것처럼 내려다보고 있었다. 언제든 내가 가고 싶으면 들러서 책도 보고 글도 쓰던 그곳이 오늘은 너무도 낯설게 느껴졌다. 오늘은 내 의지가 아닌 누군가의 부름을 받은 것이라 더 없이 긴장되고 도서관이 가까워질수록 심장은 더욱 쪼그라들었다.

삼 년 전 나의 첫 책이 출간되고 도서관 여기저기에 비치되자, 가끔 몇몇 곳에서 연락이 왔다. 저자 특강은 몇 번 한 적이 있지만 이렇게 도서관에서 몇 회차에 걸친 글쓰기 강의는 이번이 처음이다. 특히 내가 지금도 즐겨 찾는 우리 동네 도서관에서 이런 강의 제의가 왔다는 게 감격스러운 일이 아닐 수 없다. 아무래도 동네 주민이라 특별히 이런 기회를 주지 않았나 싶기도 하다. 도서관 층마다 새겨져 있는 나의 흔적을 되뇌어가며 좀 더 흥미롭고 생동감 넘치는 경험담도 전달할 수 있을 것 같았다.

강의 장소는 4층, 디지털 컴퓨터실 내의 조그마한 공부 방이었다. 많아야 10여 명이 앉을 수 있는 아늑한 곳인데, 다행히 8명이 참석 예정이라 조금 여유가 있을 것 같았다. 미리 앉아 있는 수강생들과 어색하게 인사하는 것보다, 내가 먼저 여유 있게 도착해 자리를 잡고 그들을 맞이하고 싶었다. 그래야 내가 그 어색함과 부끄러움에 대한 우위도 차지하고, 그것이 수강생에 대한 예의라고 생각했다.

40분 먼저 도착해 창문을 열고 환기를 시켰다. 아직은 차갑지만 시원한 바람이 교실을 쑥 훑고 지나가자 정신이 맑아지고 긴장도 조금 풀렸다. 가방에서 준비해 온 몇 가지를 주섬주섬 꺼내는데, 40대 중반으로 보이는 여자 한 분이 내 눈치를 보며 불쑥 들어왔다. 드디어 올 것이 왔다는 생각에 최대한 어색하지 않게 입꼬리를 살짝 올려 반갑게 인사했다.

"어, 혹시…. 여기 오늘 글쓰기 강의하는 곳 맞나요?"
"아, 네 맞습니다. 어서 오세요. 일찍 오셨네요? 자리는 편하신데 앉으시면 됩니다. 그런데 이 강의는 어떻게 알고 신청하신 거예요?"

하며 이런저런 얘기를 나눴다. 예전 디지털튜터 강의 때, 이렇게 미리 수업 전 라포를 형성하는 게 중요하다고 했었다. 사실 수강생도 소수 인원이고 편안하게 생각을 나누며 쓰기도 함께 하면 될 거라 별로 긴장될 것도 없었다. 다만, 나보다 한 수 위인 고수들이 와서는, '글쓰기 강의라고 아침부터 서둘러

왔는데, 뭔 시답잖은 소리나 하고 있지?'라고 생각하실까 그게 걱정되었다. 평소에 도서관을 찾고 이런 강의까지 챙겨 들을 정도면 다들 내공이 있는, 제야의 고수들이 분명 있을 것 같아 처음부터 걱정이 되긴 했었다.

10시가 가까이 오자 감사하게도 여덟 분 모두가 참석했다. 나이대는 30대 중반부터 60대 후반까지 다양해 보였고 여자 여섯 명에 남자는 두 명, 대부분 이 근방에 사시는 분들이었다. 얼마 전 퇴직 후 도서관을 매일 출근하다시피 한다는 분, 아이들 다 키우고 나니 이제 뭐라도 시작하고 싶었다는 분, 친구들이 요즘 뭘 계속 배우러 다니길래 자기도 따라왔다는 분 등 사연도 제각각이었다.

하지만 나는 짐작할 수 있었다. 이분들도 결국은 나처럼 쓰게 될 것을. 요즘처럼 할 것과 볼 것이 넘쳐 나는 세상에 이 아침 도서관으로 글쓰기를 하러 온다는 건, 웬만한 결심으론 하기 힘든 일이다. 한 번도 아닌 여덟 번이나 되는 아침 강의를 듣기 위해 이른 아침 제 몸을 이곳까지 데리고 와서 앉히는 일은 자신의 의지가 명확해야 가능한 일이다. 나는 그런 점을 높이 평가하고, 쓰는 의욕도 북돋워 주기 위해 앞으로 이름 뒤에 '작가님'이라 부르겠다고 말씀드렸다. 예전 내가 글쓰기를 시작할 때 도반들끼리 그렇게 불렀던 것처럼 말이다. 어색해하면서도 싫지 않은 눈치였다. 예전의 우리처럼 말이다.

물론, 글쓰기든 뭐든 이곳저곳 무료 배움터에서 조금 배우다 쉽게 그만두는 분들이 많고 이곳 역시 그런 곳 중의 하나이긴 하지만, 이분들 중 한 명이라도 계속 쓰는 분이 나온다면 그걸로 족하다 생각했다.

수업은 간단한 자기소개를 시작으로, '나는 왜 쓰고 싶은가?'에 대해 각자 적어 보게 했다. 자신이 그동안 살아온 세월을 찬찬히 돌이켜 보며 어떤 계기가 있었기에 오늘 이 자리까지 오게 됐는지, 나지막한 대금 연주 음악을 틀어 주며 한번 집중해서 적어 보게 했다. 마치 오늘 이런 주제를 알았던 것처럼, 술술 써 내려가는 분이 있는가 하면, 제목만 달랑 적어 놓고 애꿎은 볼펜만 만지작거리는 분도 계셨다. 그래도 미간의 주름과 초조하게 깨무는 입술을 보니, 다들 '나 돌아보기'에 한참 빠져 있음을 알 수 있었다.

잔잔한 대금 소리를 배경으로 글씨를 써 내려가는 소리, 종이의 바스락거림, 가끔 들리는 짧은 한숨 등, 창밖을 꽉 채우고 있는 햇살을 느끼던 그 순간, 나는 꿈을 꾸는 듯했다. 내가 쓰기로 누군가를 가르친다니, 이분들이 정말 내 얘기를 들으러 이 귀한 아침에 오셨단 생각에 감사하고 벅찼다, 8주 내내 행복한 글쓰기가 되도록 내 안의 것과 없는 것은 배워서라도 다 쏟아붓고 싶은 열정이 올라왔다.

30여 분의 시간이 흐르고 우리는 각자 자기가 쓴 글을 낭독 하는 시간을 가졌다. 처음 만난 사람들 앞에서 나의 속 이야기 를 들려주는 게 어색할 수도 있지만, 나의 경험을 비추어 보면 전혀 모르는 사람들과의 관계가 더 편한 적이 많았다.

"작년에 35년간 다니던 직장에서 퇴직했어요. 처음엔 등산도 가고 여행도 다녔는데 그것도 잠시더라고요. 이 나이에 경로당 을 갈 순 없잖아요. 그러다 평소 책을 좋아해 이곳 도서관을 다 니기 시작했습니다. 책 읽는 것도 좋았지만 좋은 프로그램이 많 더라고요. 이 글쓰기 강좌도 그렇게 알게 됐고요. 책은 좀 읽었 지만 쓰는 건 처음이라 한번 해 보고 싶어서 신청했어요."

"전 초등학생 아이랑 가끔 도서관에 오는데요, 우연히 글쓰기 강좌를 발견했는데, 갑자기 제 학창 시절에 글 좀 쓴다고 칭찬 받았던 일이 생각나더라고요. 졸업 후엔 글을 써 본 적 없지만 그래도 일기는 꾸준하게 썼어요. 다시 글을 한번 써 보면 어떨 까 싶어 신청하게 됐어요."

40대의 그 주부는 나름 그동안 써 온 일기장이 몇 권 되긴 하지만, 남이 읽을 수도 있는 글을 써 본 적은 없다며 쑥스럽게 고백하듯 낭독했다. 마흔 초반이지만 30대로 보이는 그 젊은 엄마의 푸른 생기와 젊음이 순간 부러웠다. 쉰 살을 목전에 두고 글쓰기를 시작한 나와는 달리 지금부터 글을 꾸준히 쓴다면 이분의 남은 인생이 앞으로 어떻게 더 확장되고 일상이 풍요로워질지 알기에 더욱 그러했다.

그때, 50대인 나와 연배가 비슷한 수강생 한 분이 강사님은 언제, 어떻게 글을 쓰게 되었느냐고 내게 물었다. 오랜만에 내가 늘 공식처럼 말하던 새벽 기상 얘기며, 커뮤니티 글쓰기 등 내가 계속 쓰면서 책을 내고 강의까지 할 수 있었던 이야기를 들려주었다. 그리고 지금은 이렇게 새로운 꿈을 도전하며 벅찬 하루를 맞이하고 있다는 사실도 말이다.

그렇게 90분간의 첫 글쓰기 수업이 끝나고, 나는 간단히 소감을 물어보았다. '오랜만에 쓰는 글이라 어색했지만 싫진 않았다, 나에 대해 생각을 조금 더 해 봐야겠다.' 등 글쓰기를 시작하는 누구나 처음 겪을 법한 이야기를 들려주었다. 다음 주에 쓸 주제를 미리 말해 주고 그렇게 첫 수업을 끝내고 나니, 한 달 내내 정체되어 있던 첫 수업에 대한 부담감이 사라져 집까지 뛰어서 갈 수도 있을 것 같았다.

사람들이 모두 돌아가고 뒷정리를 마친 나는, 담당자에게 인사를 건네고 도서관 밖을 나왔다. 정오가 다 된 3월의 한낮은 적당히 시원하고 따뜻했다. 쏟아지는 햇살을 받으며 집까지 걸어가면 20여 분, 가는 길에 단골 분식집에 들러 군것질이라고 하고 갈까 고민하다 집으로 돌아왔다. 오자마자 냄비에 물을 끓여 라면에 밥까지 말아 뚝딱 먹어 치웠다. 그리고 기분 좋은 포만감을 가지고 거실 소파에서 잠시 낮잠을 자고 일어났다.

햇살이 내려앉은 거실에서 내가 좋아하는 라디오의 주파수를 맞추고 라디오에 귀 기울일 수 있어 행복했다. 오후 서너 시는 할 수 있는 한 가장 나른해지고 싶은 시간이다. 하루의 해야 할 것들을 끝내고 저녁이 되기 전, 온전히 나를 위해 쉴 수 있는 시간이다. 지난 몇 년간 변화된 내 삶을 생각하니, 이렇게 행복해도 되는 건가 하는 생각에 피식 웃음이 나왔다. 힘들었지만 계속 쓰면서 내게 일어났던 기적이 결코 우연이 아니었다. 앞으로의 내 인생은 또 어떤 일로 나를 놀라고 설레게 할지 하루하루가 기대되는 요즘이다.

삶을 풍요롭게 하는
명당의 조건

[
중년에 찾은 무릉도원은

내가 좋아하는 소소한 것들이 모여 있는 동네입니다.
]

내가 가장 좋아하는 날은, 단연코 쉬는 날이다. 모두가 쉬는 달력의 빨간 날 말고, 평일 어쩌다 얻게 된 나만의 휴가는 그야말로 꿀맛이다. 예전엔 이런 날이면 평일의 여유를 느낄 수 있는 쇼핑이 가장 하고 싶었다. 느긋하게 사지도 않을 옷을 구경하고 조조 영화에 맛집에서 혼밥을 즐기며, 도장 깨기 하듯 하고 싶은 일을 다 해치웠다. 그렇게 하루 네댓 개의 일정을 소화하며 일하는 날보다 더 바쁘고 피곤한 하루를 보냈었다.

물론 지금도 이런 날이면 예전처럼 미뤄 뒀던 일을 하며 보내는 것도 나쁘진 않지만, 이젠 활동의 종류와 속도에 변화가 필요했다. 쇼핑도 영화도 여러 번 해 보니 그 순간은 짜릿해도 하루가 저물 때면 허전함이 밀려왔다. 아침에 충만하던 에너지는 하나둘 늘어난 쇼핑백에 다 소진되고 정작 쉬어야 할 것 같은 다음 날은 다시 출근해야 하는 지친 내가 보였다. 자기계발을 시작하면서 온전히 쉬는 휴가는 더 간절했다. 읽고 싶은 책과 해야 할 공부에 나는 늘 쫓기듯 살고 있었다.

그러던 어느 날, 하루 휴가를 내어 내가 하고 싶었던 일을 한번 해 보자 결심했다. 출근길 늘 지나치기만 하던 공원에서 이른 아침 어르신들과 맨발 걷기를 해 보고, 근처 전통시장에서 군것질로 배를 채운 뒤 도서관으로 가서 읽고 싶은 책과 글을 쓰는 일이었다. 평상시처럼 출근 시간에 맞춰 서둘러 나갔고 이른 시간에 공원에 도착했다. 신발 안에 양말을 가지런히 벗어 두고 황톳길을 걷기 시작했다. 바닥의 습한 기운과 조그만 흙 알갱이들이 내 발바닥 구석구석을 자극하자 묘한 기분이 들었다. 뭔가 내가 '지금 살아 있음'을 느끼게 하는 메시지를 계속해서 전달해 주는 것 같았다.

드넓은 공원의 푸르른 나무와 꽃과 새, 이슬을 머금고 있는 어린잎과 어릴 적 보았던 이름 모를 작은 곤충과 풀꽃이 눈에 들어왔다. 엄마 손을 잡고 공원을 가로질러 등교하는 아이의 해맑은 미소를 보자 내가 너무 소중한 것들을 잊고 살았다는 생각이 들었다. 조금만 마음과 시간을 내면 이토록 아름다운 세상에 내 몸과 마음이 행복해질 수 있는데 너무 몰라 준 것 같아 미안한 마음마저 들었다.

그렇게 맨발로 걸으며 나는 어떻게 살면 행복할지, 내 행복의 조건에 대해 생각하게 되었다. 아이들이 어릴 적, 방에서 바다가 조금 보이는 집에 매료되어 살아 본 적이 있었다. 하지만 일상에 지쳐 일주일이 지나도록 창밖으로 눈길 한번 주지 않는 나를 보며 집은 그저 조용하고 편히 쉴 수 있는 곳이면 족하다는 것을 알았다. 하지만 사는 집은 그렇더라도 집 주변에 꼭 있었으면 하는 것들이 있었다. 그런 곳이 가까이 있다면 평생 지루할 틈도 없고 눈만 뜨면 그곳에 달려가고 싶을 것 같아 하루하루가 신나고 행복할 것 같았다.

바로, 공원과 도서관과 시장이었다. 모든 행복의 바탕은 건강이니 집 근처 숲이 있다면 계절마다 시간을 달리하며 자연이 선물해 주는 황홀함을 만끽할 것이다. 새벽의 고요함과 가을의 스산함과 밤의 아늑함을 오감으로 느끼며 살아 있음에 감사할 것이다. 내가 가진 것에 대해 감사함을 때때로 잊고 살 때 자연은 말없이 타일러 주니 이런 스승을 옆에 두고 산다는 건 정말 큰 행운이다.

도서관은 말할 것도 없다. 남녀노소 누구에게나 공평하다. 보고 싶은 책과 잡지도 마음껏 읽고, 수준 높은 문화행사도 즐길 수 있으니 국가가 국민에게 주는 최고의 복지가 아닌가 싶다. 종일 책상에 엎어져 잠이 들어도 그저 창밖에 흔들리는 나무만 바라보아도 내 몸이 도서관에 있기만 하면 모든 것이 용서되고 허용된다. 그 무수한 일들을 뒤로하고 도서관에 갔다는 것 자체가 기특한 기적이다.

전통시장은 어릴 적부터 내가 좋아하던 곳이다. 시장에는 온통 내 시선을 빼앗는 것 천지다. 살아 있는 듯 윤기 나는 생선이며 가지런히 다듬어 쌓아 놓은 채소들, 김이 모락모락 나는 방앗간의 떡과 흰 쌀밥과 함께 먹고 싶은 온갖 반찬들, 넘쳐 나는 먹거리들에 혼이 나갈 지경이다. 평생을 시장에서 살아온 상인들의 굳건함과 단단함에 그저 바라만 봐도 에너지가 충전된다. 그래서 사람들은 삶의 의지가 약해질 때 시장을 찾아 희망을 찾는가 보다.

나에게 있어 공원과 도서관, 시장은 무릉도원 같은 곳이다. 나의 온갖 번뇌를 잊게 하고 내려놓게 한다. 세상은 이렇게나 보고 느끼고 즐길 것이 많은데 왜 그리 앞만 보고 힘들어하냐고, 욕심을 내려놓고 여기 와서 잠시 쉬어 가라 한다. 내가 있는 그 자리에 온전히 녹아들어 현재를 즐길 수 있는 곳, 그저 살아 있음에 감사함을 느낄 수 있는 곳에 살라 한다. 마음만 먹으면 가닿을 수 있는 이상향이라니, 이 얼마나 멋진 세상인지!

오신다 내마음의 통로에서

쉬어 가도
멈추진 않는다

> 배움과 여유가 적절히 섞인 중년의 시간표,
>
> 지금이 계획할 때입니다.

자기 계발 공부를 시작하고 커뮤니티에 가입하게 되면 '오픈 단톡방'이라는 곳을 들어가게 된다. 마치 시골의 한두 학급이 전부인 분교에 다니다 몇백 명이나 되는 대도시의 학교로 전학을 온 느낌이 드는 곳이다. 보이지 않는 누군가 배정된 반에 나를 집어넣고, '이제부터 반 아이들과 사이좋게 지내.' 하는 기분이랄까? 알고 보면 전부 전학 온 아이들인데, 몇몇은 원래부터 여기 있었던 사람처럼 자기 목소리를 잘 드러냈다.

카톡.

'여러분 좋은 아침이에요. 오늘도 활기찬 하루 되세요.'

카톡.

'제가 오늘 누굴 만난 줄 아세요? 아마 이 사진 보시면 깜짝 놀라실 거예요.'

카톡.

'오늘 밤 8시 블로그 무료특강이 있어요. 아래 링크로 들어오세요. 놓치면 정말 후회하실 거예요!'

아침 인사로 시작한 알람 소리는 낮에 누굴 만난 얘기며 저녁에 있을 무료 강의까지 쉬지 않고 울려 댔다. 그런 글에 사람들은 댓글을 달고 공감과 고마움을 표하니 그걸 전부 나에게 소리로, 진동으로 알려 주는 핸드폰은 쉴 틈이 없어 보였다. 점심을 먹고 카톡방을 점검하는 일이 마치 미뤄 둔 숙제를 하는 의무처럼 느껴지던 때가 있었다.

'앗, 선착순으로 제공하는 거였구나…. 아쉽다. 정말 듣고 싶었는데.'

'아, 이분한테 그 얘기를 해 드리면 도움이 될 것 같은데, 얘기가 끝난 지 벌써 오래네.'

'내일 저녁 7시 강의라고? 땡 하고 집에 가도 간당간당하네. 게다가 씻고 애들 챙기려면 그 시간은 어렵겠는걸.'

이렇게 카톡의 메시지 숫자를 '0'으로 만들어야 숙제를 끝낸 기분이었다. 하지만 내가 놓친 무언가가 항상 있었기에 마음은 가볍지 않았다. 그런 아쉬움은 가끔 불만과 화로 이어졌고, 내 처지까지 비관하게 만들었다. 내가 담을 수 있는 그릇의 크기는 정해져 있는데, 외부의 것들을 무조건 담으려 하다 보니 그릇이 차고 넘쳤다. 애써 모아 둔 것까지 함께 흘러내려 내가 도대체 무엇을 담았는지, 담으려 했는지조차 알 수가 없었다.

이왕 이렇게 된 거 그냥 모든 걸 놓아 버리고 싶었다. 괜히 이 나이에 뭘 한다고 설쳐 대다 그나마 유지되던 내 일상도 흐트러지고 엉망이 되어 가고 있는 느낌이었다. 적당히 일하고 마치면 동료들과 어울려 한 잔으로 스트레스도 풀고, 주말이면 종일 드러누워 티브이를 보던 평범하고 편안했던 날들이 떠올랐다. 그러다 문득, 내가 나에게 하는 목소리가 들렸다.

'네가 좋아서 하는 공부잖아! 아무도 그렇게 하라고 등 떠밀지 않았어. 이렇게라도 아침저녁으로 네 시간을 가질 수 있는 것에 감사해야지. 새벽부터 밤늦게까지 일을 해야 하거나, 아이가 어려서 종일 돌봐야 하는 것도 아니잖아. 잘 생각해 봐. 지금이 네 인생에 가장 여유 있는 시간이야. 늦은 게 아니라, 그냥 지금 그때가 딱 온 거야. 보너스 같은 시간이잖아. 그냥 하고 싶은 대로 하면서 즐겨 봐!'

그래서 나 자신에게 물어보았다. 다시 예전의 나로 돌아가고 싶냐고? 그건 또 아니라고 했다. 이십 년 가까이 그렇게 살다가 애써 여기까지 왔는데, 이번에 돌아가면 아마 다시는 돌아오지 못할 거라고 말이다. 앞으로 나아가기도, 그렇다고 돌아가기도 싫었다. 내가 처한 난관을 벗어나기 위해 쉬면서 가기로 했다. 한 걸음 물러서 나를 돌아보거나 걸음을 늦춰 쉬어보자고 했다.

'한두 해 하다가 그만둘 것도 아니잖아! 오늘이 아니면 안 되는 것처럼 나를 몰아붙이지 말자! 속도를 늦춘다고 조금 쉰다고 아무도 뭐라고 하는 사람도 없어. 다 내 욕심이고 마음이야. 내 상황에 맞게 하자!'

느리지만 멈추지 않았던 거북이가 앞서던 토끼를 만나듯, 앞으로 나아가기만 하면 되었다. 내가 처한 환경과 시간과 체력에 맞게 맞춤형 시간표가 필요한 것이다. 그래서 남들보다 느린 시간표를 짜고 실천했다. 내가 가능한 시간에 운동하고 글을 쓰고 책을 읽었다. 아무 일도 일어나지 않았다. 조금 쉬어 가고 싶은 나를 바라보고 인정하니 마음마저 편해졌다. 예전 남의 시간표에 맞출 때는 더 열심히 나를 끼워 넣어도 만족하지 못했고, 오히려 남들처럼 못 하는 나와 내 처지에 절망하기 바빴다. 하지만 그런 시간이 있었기에 지금 나만의 시간표를 만드는 응용력을 기르게 된 건지도 모른다.

무언가를 성취해 본 사람들이 말하곤 했다. 쉬어 가도 되고, 돌아가도 되니 멈추지만 말라고. 예전엔 이 말이 마음에 와닿지 않았다. 머리로는 알겠는데 돌아가고 싶지 않았고 오히려 지름길이 있다면 그 길로 가고 싶었다. 그래서 좋다는 건 다 배우고 싶고 잘하고 싶었다. 여기서 '좋다는 것'의 속뜻이 '돈 되는 것'임을 인정하게 되었다. 풍족한 경제력은 분명 나를 행복하게 하지만 그 양과 비례하여 더 행복해지는 것도 아니라는 걸 안다.

한 해 두 해 조금씩 얻게 되는 지혜를 밑천 삼아 나에게 맞는 인생 시간표를 짜야겠다. 속도를 조절해 가며 궁극적으로 나를 행복하게 만드는 것들에 더 신경을 쓰고 공을 들이려 한다. 어릴 적 동그랗게 그렸던 방학 계획표에 '잠자기와 먹기와 놀기, 가끔 있던 공부하기'를 적절히 섞어, 느리지만 멈추지 않는 나만의 동그라미를 그려야겠다.

건강이
딸랑딸랑하지 않도록

잠시 쉬어 가는 인생의 정류장, 중년!
몸과 마음을 다시 한번 돌보고 가꿀 때입니다.

어릴 적 달걀을 파는 자그마한 자가용 트럭이 동네를 오가곤
했다. 학교를 파하고 집으로 가는 길에, 집에서 숙제하고 있을
때도 언제나 같은 소리를 내며 동네를 가로질러 지나갔다.

'계란이 왔어요, 계란이 왔어요. 양산 석계 ○○ 농장에서 온 계
란이 왔어요. 계란이 딸랑딸랑하기 전에 미리미리 준비를 하
이소~!'

맑은 음색을 가진 계란 장수 아저씨의 정겨운 사투리를 곧잘 따라 하며, 철부지 우리는 까르르 웃곤 했다.

가끔 요리하다 보면 달걀 한 알이 아쉬울 때가 있다. 라면을 끓였는데 달걀이 똑 떨어졌다거나, 한 알만 더 있으면 푸짐한 반찬이 될 텐데 하며 안타까워하지만 끝내 사러 가진 않는다. 그 옛날 아저씨가 딸랑딸랑할 때, 똑 떨어지기 전에 미리미리 준비하라고 그렇게 외쳤건만 난 그러질 못했다.

'지금 내 인생에 딸랑딸랑 위험 신호를 보내는 게 뭐가 있을까?'

바로 '건강'이었다. 가장 소중한 인생의 근간이지만, 문제가 일어나기 전에는 항상 무관심의 대상인 것! 특히 나처럼 운동에 관심이 없고 몸 쓰기를 싫어하는 사람한테는 말이다. 여전히 걷기가 운동의 전부인 것과 분식점 군것질을 너무 좋아한다는 게 항상 신경 쓰였다.

'앗, 새로 생긴 분식점이네. 떡볶이랑 튀김 맛 좀 볼까? 아 순대도 먹고 싶은데, 포장해서 가야겠다!'

참새가 방앗간을 그냥 지나치지 못하듯 나이가 들수록 나의 분식 사랑은 식을 줄 몰랐다. 아니 더 커져만 갔다. 기어이 어린아이들 틈에 끼여 포크를 들고 함께 먹어야 직성이 풀리는 일이 잦았고 이내 후회하는 날이 많았다. 그렇게 살이 조금씩 붙는 걸 보며 생각했다. 살아가면서 사소한 귀찮음으로 소중한 경험이나 기회를 놓치는 일은 없어야겠다고 말이다. 경고음이 울리기 전, 어떻게 건강을 유지해야 할지 조금씩 고민하기 시작했다.

'백 세 인생'이라치면 이제 딱 반환점에 도달한 시기다. 지나간 시간과 남은 시간이 물리적으로는 같을지 몰라도 질적인 면에서는 확연히 차이가 난다. 50세까지는 '젊음'에 의지해 살았다면 이후부터는 그동안의 쌓인 '경험과 지혜'로 인생을 살아 내야 한다. 지금껏 건강이 당연한 세월이었다면 이제부터는 그것이 전부인 시기다. 내 몸과 정신은 오늘이 가장 건강할 것이고 주름진 얼굴도 오늘이 가장 젊고 예쁘다. 하루가 다르게 여기저기 고장 신호를 보내는 내 몸을 데리고, 이제부터 50년이라고 생각하니 정신이 번쩍 들었다.

늘어난 수명만큼 건강하고 행복하게 사는 것이 중요하다. 오갈 데가 없어 무료한 하루를 맞이하기가 두렵다. 내 발로 걷기도 힘들어 남에게 의지해야 하는 것만큼 삶을 무력하게 하는 것도 없을 것 같다. 이 두 가지만 내 의지대로 유지할 수 있다면 앞으로의 인생 후반기도 두렵지 않을 것이다. 이렇듯 준비된 상태로 퇴직해야 자연스럽게 일상으로 녹아들어 건강하고 행복한 삶을 지속할 수가 있다.

　손흥민 선수의 아버지, 손웅정 감독은 그의 책 『나는 읽고 쓰고 버린다』에서 특히 건강을 강조한다. 사람들이 노후를 위해 돈은 저축하면서도 건강은 저축하지 않는다며 모든 행복의 근원은 '건강'임을 다시 한번 강조했다. 오늘이 가장 젊은 우리가 하루라도 젊을 때, 운동 근력을 키워야 허리 꼿꼿이 펴고 내 두 다리로 걸을 수 있다고 했다. 듣고 보니 너무 중요하고 맞는 말이다. 수백억 자산가라도 내 몸이 아프면 무슨 소용인가! 삶의 기본에 충실히 하라는 그의 말에 나도 내 삶의 목표인 '건강하고 행복한 삶'을 되돌아보고 정리할 필요가 있었다.
　언제부턴가 건강검진 결과지를 볼 때마다 의사 소견이 점점 늘어 갔다. 4~5년 전부터는 한 장을 넘기더니 이제는 의사와 상담을 하지 않으면 도대체 어디가 어떻게 안 좋다는 얘긴지 알아들을 수가 없을 정도다. 해마다 새로운 증상과 용어들이 검진 결과지에 적혀 있었다.

"고지혈증이요? 제가요? 콜레스테롤 수치도 높다고요? 전 술도 거의 안 먹고, 기름진 고기도 별로 좋아하지 않는데요."
"특별히 이런 음식들을 먹지 않아도 나이가 들면 호르몬 변화도 있고 해서 이런 성인병 증상들이 나타나기 쉬워요. 조금씩 식단 조절하시고 운동을 꼭 하세요."

성인병의 대표적인 증상들이 적힌 내 결과를 보고 이제 더는 운동을 미룰 배짱이 없었다. 올해 초부터 새벽 루틴이 마칠 때쯤 짧지만, 강도 높은 근력 운동을 통해 내 몸에 집중하기 시작했다. 몸에 좋은 건강한 음식을 먹고, 늦은 저녁으로 항상 야식과 폭식에 노출되는 나를 진정시키기 위해 수양하듯 천천히 씹어 먹었다. 약간 부족한 듯 숟가락을 내려놓고는 더 먹지 않으려 바로 양치하는 습관도 들이고 있다.

나는 이런 과정이 일종의 수양이자 명상이라고 생각한다. 나의 상태를 알아차리고 지금 행하는 일에 집중하니 이런 게 바로 수련이 아닌가 싶다. 자고 일어나 이부자리를 정리하는 것부터 잠자리에 누워 하루를 되돌아보며 흐뭇한 마음으로 잠이 드는 연습을 한다. 되도록 내 몸을 많이 움직이는 불편함을 습관화하고 밋밋하지만 건강한 맛에 내 미각을 길들인다. 하루의 끝과 시작을 온몸으로 받아들여 경건하고 감사하게 채우는 것이다.

 이러한 건강한 몸이 바탕이 되어야만 '행복한 삶'도 꿈꿀 수 있다. 나이가 들수록 새벽이든 밤이든 자신에게 집중할 수 있는 시간을 일상에 끼워 넣고 공부해야 한다. 책이든 글이든 자신의 배움을 멈추지 않아야 한다. 계속해서 확장해 나가고 그 과정에서 도반들도 만나 지속적인 사회생활을 해 나갈 수 있다. 그들이 바로 내 친구이자 인생의 반려자다. 함께 공부하고 얘기 나누며 서로의 성장을 응원하고 도와주는 것처럼 보람되고 활기찬 삶이 있을까?

 나이 드는 것이 꼭 단점만 있는 것은 아니다. 몸은 예전만 못해도 삶을 바라보는 통찰력과 내 인생에 집중할 수 있는 충분한 시간이 주어진다. 특히나 50대는 노년을 준비하는 정류장 같은 시기다. 그동안 달려오느라 바빴던 내 삶을 잠시 돌아보며, 다음 정류장을 향해 나아갈 연료를 비축하고 어디에 어떻게 쓸 것인지 계획하는 시기다. 먹고 자고 즐기는 삶의 습관을 간소화하고 내가 가진 것을 베풀며 그로 인해 진정한 행복을 느끼며 살아가야 한다. 내가 지금 하는 이 모든 과정이 결국은 이렇게 살기 위함임을 이제 나는 알 것 같다.

2월과
11월처럼

> 중년, 현재의 역할과 가치를 다시 한번 새기며
>
> 찬란하게 빛날 내 인생에 브라보!

사람들에게 어떤 달을 가장 좋아하냐고 물어보면 5월과 10월 정도가 아닐까? 계절을 대표하는 이 두 달은 축제의 달이자, 두어 개씩 박혀 있는 빨간 날이 그저 바라만 봐도 흐뭇하게 만드는 달이다. 마치 무얼 해도 예뻐 보이는, 잘난 자식을 바라보는 부모의 마음 같다. 7, 8월은 여름 방학과 휴가로 가장 기다려지고, 3월과 9월은 새 학기를 시작하고 봄과 가을을 맞이하는 설렘의 달이다. 봄꽃과 연둣빛 신록이 절정을 달리는 4월, 여름의 시작을 알리는 6월도 계절의 아름다움을 충분히 뽐내며 존재감을 드러낸다. 1월과 12월은 1년의 시작과 끝이라는 이유만으로 언제나 사람들의 과도한 관심을 받으며 부담스러워한다.

나는 어릴 때부터 숫자와 색, 계절을 연관 지어 생각하곤 했다. 나는 파란색을 가장 좋아했고 숫자 7과 가을은 나에게 파란색을 의미했다. 나에게 이 세 가지는 늘 같은 형제처럼 느껴졌다. 가을을 색으로 나타내면 파란색 같고, 숫자로는 7로 느껴졌다. 어릴 때부터 그랬다. 그래서 항상 이 세 가지 중 뭐라도 내 곁에 두고 싶었고 선택할 일이 있다면 단연코 이것들을 골랐다. 눈부신 일출과 석양도 아름답지만 내게는 높고 푸른 가을 하늘만큼 감동을 주진 못했다.

가을에 대한 나의 편파적이고 조건 없는 애정이 나이가 들면서 무심히 지나쳤던 것들로 조금씩 옮겨 갔다. 어느 날 달력을 넘기다 특별한 감정을 느꼈다. 유난히 마음이 심란하고 무관심했던 숫자 두 개가 내 마음에 와 꽂혔다. 바로 2월과 11월이었다. 나는 언제부턴가 조용히 스치듯 지나가는 2월과 11월을 의식하게 되었다. 둘 다 화려하고 주목받는 달 사이에 끼어 있어 사실 그다지 존재감이 없다. 11월은 가을 한가운데임에도 10월과 12월에, 2월은 1월과 3월 사이에서 늘 애잔했다. 마치 형제가 많은 내가 그 틈에서 늘 관심받고 싶었던 내 처지와 닮아 더 마음이 갔는지도 모른다.

화려한 달들에 비해 2월과 11월은 사실 딱히 내세울 것이 없다. 그 흔한 쉬는 날도 하나 없어 달력 색깔조차 담백하고 깔끔하다. 하지만 나는 몇 해 전부터 이들의 가치와 쓰임을 알게 되었다. 이 두 달은 다음에 올 3월과 12월을 찬란하게 빛내 주기 위한 조연 같은 달이라는 것을.

2월은 1월의 온갖 다짐들이 시들어갈 때쯤, 3월을 힘차게 시작하라고 우리에게 또 한 번 기회를 주는 시간이다. 그러면서도 자신의 도리는 잊지 않는다. 땅속 깊숙한 싹을 틔우기 위해, 나뭇가지 위에서 안간힘을 쓰는 나무들을 격려하고, 겨울잠을 자는 동물들을 깨우느라 분주하다. 다른 달보다 2~3일 적은 탓에 봄맞이 채비에 쉴 틈이 없다. 사람들에겐 여유를 주면서 자신에게는 엄격하다. 3월이 유난히 생기 있고 빛나는 이유가 바로 2월의 이런 노력이 숨어 있었기 때문이다.

11월은 가을의 절정에서 스산한 겨울로 접어드는 달이다. 그 곱던 단풍들도 거리의 천덕꾸러기가 되어 바스락거리며 사라진다. 10월의 축제는 끝났고 사람들은 다가올 크리스마스와 연말에 대한 기대와 아쉬움을 벌써 마음에 두기 시작한다. 그래서 우리들의 마음에 11월은 없다. 1이라는 숫자가 두 개라

서로 의지하는 듯 보이지만 11월만큼은 각자가 홀로 우뚝 서 있는 듯 더 쓸쓸하다.

이렇게 외롭고 고독한 달이라 여겼는데, 작년 11월, 평소보다 한 달 미리 그 해를 되돌아보고 새해 계획을 세우면서 알게 되었다. 지난 1년을 돌아보며 후회만 하지 말고, 새해 희망을 다시 꿈꾸고 계획하는 보너스 같은 시간이라는걸. 12월은 연말이라 들뜨고, 아쉬운 마음에 뭔가를 반성하고 계획하기가 힘들다는 걸 11월은 진작 알고 있었다.

존재감 없었던 2월과 11월의 깊은 속내를 알고 나니 경건함마저 들었다. 최고의 조연답게 우리 1년의 시작과 끝을 보이지 않는 곳에서 책임지고 있었다. 화려한 것들 속에 둘러싸여 있어도 흔들림 없이 자신의 할 일을 묵묵히 지켜 내고 있었다. 보기에는 평범해도 그 내면에 품고 있는, 세상에 대한 애정만큼은 그 누구보다 깊고 충만했다.

나도 이런 2월과 11월을 닮고 싶어졌다. 눈에 띄진 않아도 세상의 이치를 알고 남에게 도움이 되는 사람이 되고 싶다. 곁에 있을 땐 몰라도 사라지면 난 자리가 표시 나는, 그런 아련한 사람이 되고 싶다. 내가 있어야 할 곳에 존재하며 묵묵히 해야 할 일을 해내며 살고 싶다. 함께 있고 싶고 곁에 두면 기분 좋아지는, 나는 그런 선한 에너지로 후광이 빛나는 사람이 되고 싶다. 사람들의 누군가가 되는 삶을 살아가고 싶다.

《 에필로그 》

　오십이 되기 전 내 인생 돌아보기 숙제를 막 끝냈다. 대단한
성과나 크게 후회되는 일도 없는 그저 그런 나의 인생도 자세
히 들여다보니 마음의 굴곡이 꽤 있었다. 처음엔 지난 2년간
자기 계발을 하면서 경험했던 일들을 적어 보고 싶었다. 코로
나 시기 중년 여성들의 자기 계발 광풍의 중심에 있었던 사람
으로, 그 과정을 통해 누구나 겪었을 한계와 갈등에 대해 나름
할 말이 많을 줄 알았다. 하지만 매 순간 느꼈던 다양한 감정
과 기억들은 휘발되어 단지 몇 개의 사건들로만 남아 있었다.

　'괜히 쓴다고 했나?' 덜컥 겁이 났다. 일단 목차를 생각나는
대로 시간순대로 적은 뒤, 글을 쓰면서 수정해 나가지 싶었다.
툭툭 던져 놓았던 제목들이 한 편의 글로 완성되어 가는 과정

276 ·

오선, 내 안의 데미안을 만나다

이 신기했고, 때맞게 생각난 에피소드가 그렇게 고마울 수가 없었다. 하지만 책의 중반부터는 내가 걱정했던 일들이 발생했다. 쓰다 보니 제목만 다르지, 그 말이 그 말인 글들이 쓰이기 시작했다. 도저히 써 나갈 자신이 없었다.

'도대체 내가 왜 책을 쓰고 있지?' 하는 생각도 여러 번 들었다. 책이라는 건 독자가 읽고 무언가 배우고 느낄 메시지가 있어야 하는데, 내 글에서 어떤 도움을 줄 수 있을지 의문이었다. 대단한 성과를 거둔 사람들의 자기계발서를 많이 읽어 왔던 터라 누구나 겪었음 직한 내 이야기가 자꾸만 비교되어 주눅이 들었다. 그럴 때마다 다시 한번 상기시켰다.

'나는 처음부터 대단한 이야기를 하려고 한 것이 아니다.'

자랑할 만한 성과나 경험을 전달하는 게 아니라 뒤늦게 자기 계발하는 중년 여성들이 경험했을 우리 공통의 이야기를 내가 한번 대변해 보고 싶었다. 중년의 우리가 이렇게 힘겹게 달려왔다고, 그리고 지금도 애쓰고 있다고. 해 보니 조금씩 달라진다고 말해 주고 싶었다.

불빛만 보이면 몰려드는 하루살이처럼 그저 배움이 있는 곳이면 무턱대고 달려갔던 내 모습, 힘겹게 글을 써 나가는 내가 애잔하고 기특하고, 다독여 주고 싶었다. 가정과 직장을 오가며 틈새 시간을 내 것으로 만드는 과정에서 많이 지치기도 했다. 이거 한다고 뭐가 달라지겠냐 싶어 좌절을 밥 먹듯 했다. 삶은 여전히 분주했고 내 몸과 마음만 소진되는 날들로 가득했다.

그러다 글을 쓰면서 알게 되었다. 모든 일의 결과는 그 진행 과정이 전부라는 걸. 어느 날 갑자기 내가 자기 계발을 하고 책을 읽고 글을 쓴 것이 아니었다. 쓰기를 통해 돌아본 나의 어린 시절과 앞만 보고 달렸던 삼사십 대를 거쳐 온 과정이 나를 공부하게 했고, 지금 글을 쓰게 했다. 그렇게 진정한 공부의 의미를 조금씩 깨닫게 되면서 나를 돌아볼 시간이 많아진 중년의 시간이 얼마나 소중하고 고마운지 알게 되었다.

지금의 중년들은 예전과는 분명히 다르다. 이제는 청년기로 불리는 것처럼 적당히 젊고 안정적이며, 세상을 바라보는 지혜도 가지고 있는 인생의 절정기다. 이제껏 가족과 직장에서의 내 역할에 매진했다면 이제는 나를 좀 돌아봐도 괜찮은 시간이다. 사람들과의 거리에 있어 밀착 방어를 해 왔다면 이제는 적당한 거리 유지가 필요한 시간이다. 나를 중심으로 자식과 남편, 동료와 친구들과의 거리에 적당한 균형 잡기가 중요하다.

나의 이런 과정을 곁에서 지켜보며 응원해 주던 남편도 이제는 새로운 꿈을 꾸기 시작했다. 서로 함께하기와 거리 두기를 조절해 가며 각자의 꿈을 응원하고 성장해 가는 서로의 도반이 되었다. 중년들의 이런 간절함이 작은 만남으로 이어져 직장에서도 서로의 고충을 이해하며 함께 성장하는 도반이 생겼다.

인생의 후반기라 느꼈던, 아무런 희망도 낙도 없을 것 같던 중년이 되고 보니, 젊은 시절 철없던 생각이 떠올라 피식 웃음이 나온다. 비록 몸은 세월을 거스를 수 없지만, 마음만은 더 단단해지고 영글어졌다. 몸 여기저기가 조금씩 고장 나기 시작하면서 이제야 내 몸을 아끼고 사랑하는 방법에 관심이 생겼다. 내 욕구가 아니라 진정 몸이 좋아하는 음식을 먹고 건강하게 움직이게 되었다.

젊어서는 친구가 그리웠고 그들의 위로가 필요했다. 하지만 이제는 혼자 있는 나만의 시간이 가장 귀하고 소중한 시간이다. '고독'이 외로운 시간이 아니라 '혼자 사유하는 시간'이 되면서 이렇게 값지고 귀한 단어인지 새삼 깨닫게 되었다. 사실

고독이라고 느낄 사이도 없다. 혼자 이것저것 하다 보면 시간을 도둑맞은 것처럼 하루가 금방이다. 중년이 되고 나와 보내는 시간이 길어질수록 내 삶이 더욱 풍요롭고 깊어진다는 것을 알아 가고 있다.

예전엔 오십쯤 되면 인생의 의미가 있을까 싶었는데 와서 보니 지금부터가 본 게임이다. 타인을 위해 보낸 지난 세월을 조금씩 나에게로 돌리는 시간이다. 나에게 집중하여 더 멀리 바라볼 수 있고 세상의 이치를 공부하고 알아 가는 즐거움으로 인생이 짙어지고 풍요로워지고 있다는 걸 아는 시간이다. 조금만 관심을 두고 주위를 둘러보면 배우고 익혀야 할 것이 넘쳐 난다. 무엇이라도 새롭게 시작할 수 있고 될 수 있는, 여유로운 인생의 황금기임을 잊지 말자. 지금, 이 순간, 우리는 찬란하게 빛나고 있다.